2016年、異次元大恐慌が始まる

廣宮孝信
Yoshinobu Hiromiya

飛鳥新社

2016年、異次元大恐慌が始まる　目次

第1章　国家を危機に陥れる、「経済の根本はカネ」という誤解

第2章

第3章
「世界大恐慌2・0」前夜の世界経済

第4章 「世界大恐慌2・0」後の世界：想定シナリオ

第1章

国家を危機に陥れる、「経済の根本はカネ」という誤解

1．経済成長＝実質GDPの増加＝モノが増えること

経済はもっぱらカネで語られる。カネが重要なのは当然だが、カネの真価は、モノやサービスを買えると保証されてはじめて発揮される。仮にあなたが、価値が保証されていない旧ジンバブエ・ドルで買い物しようとしても、レジ係から容赦なく拒絶される。モノと交換できないカネはただの紙切れだ。我々が使っている日本円（日本銀行が発行する紙幣である日本銀行券や、財務省が発行する硬貨）も本質は同じで、モノが買えない札束やコインはただの紙切れ、金属屑《くず》に過ぎない。

だから経済の本質はカネの流れではなく、経済成長はカネが増えることではない。経済の本質とは人を生かし、豊かにする、あらゆるモノの流れであり、経済成長とはモノの単位時間あたりの生産量の増大である。そして、GDP（国内総生産）とはまさに生産だ。四半期（3ヵ月）とか1年の間のモノやサービスの生産高である。その生産高を**カネの量**で表すのが**名目GDP**だ。一方、名目GDPから物価変動の影響を取り除くことで、**モノやサービスの生産量**を示すようにした数値が**実質GDP**である。よって、**「実質GDPが**

増える」とは、ある期間中におけるモノやサービスの生産量の増加を意味する。

経済成長とは実質GDPが増えることであり、単位時間あたりのモノやサービスの生産量が増えることだ。決して、カネの流れだけが増えることではない。カネの流れだけ増えても、モノの流れが増えなければ、経済成長ではなく、単なるインフレとなる。モノがまったく足りず、カネだけがある状態は、ハイパーインフレと呼ばれることになる。

2. カネの価値を支えるのはモノである

モノに比べて、カネの価値の重要性が圧倒的に低いことは、図表1で一目瞭然となる。経済を成立させる3要素、ヒト・モノ・カネのうち、なくても良いものはカネだけだ。ヒトがなくては人類滅亡。モノがなくても全員飢え死にでやはり人類滅亡だ。まずヒト、そしてヒトの生活を成立させるためのモノが重要で、カネはその後、どうにでもなる。所詮、カネは紙切れ、金属片であり、あるいは銀行預金のような帳簿上の記録——昔なら紙の上の記録であるが、最近はコンピューター・サーバー上の電磁的な記録——に過ぎず、創ろうと思えば一瞬にして何百兆円でも創れるものに過ぎない。

図表1　経済の根本はモノ（カネは脇役）

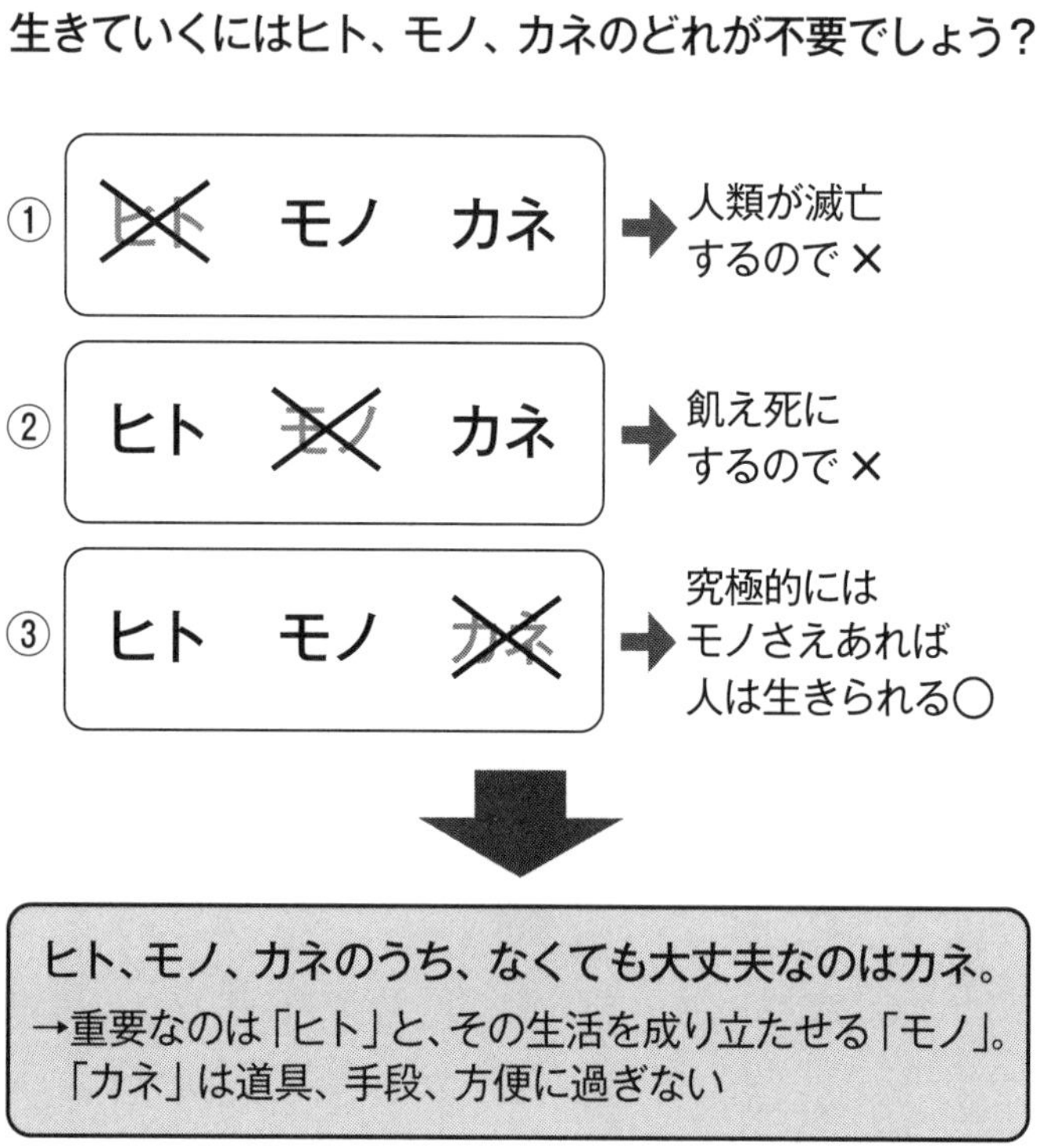

前述のとおり、モノを買えることが保証されてはじめて、カネに価値が生じる。カネの価値を支えるのはモノであり、ある国の通貨の価値を支えるのは、その国のモノやサービスを生産する能力ということになる。

もっとも、カネにはカネの重要性がもちろんある。カネはいわば武田信玄の軍配のようなものだ。軍配が指し示す方角に兵が動くのと同様、カネに向かってヒトやモノが動く。政府が決壊しそうな河川の堤防を補修するよう予算を付ければ、建設業者がそこに向かってヒトとモノを手配する。これは家庭でも大なり小なり、同じ構図であろう。

政府のような巨大な組織でも、家庭のようなごく少人数の組織においても、財布を握っている者が権力を握る。カネは軍配のように、必要なときに、必要な場所に向けて、ヒトやモノを動かす役割を担っている。しかし、もしもカネ以外にヒトやモノを動かす作用を持つ手段があれば、カネは必要なくなる。さらに、カネが軍配のような役割を果たすには、カネがモノやサービスと交換されることが保証され、価値が保たれる必要がある。そうでなければヒトは動かないし、その結果、モノも動かない。そう考えれば、やはりヒト・モノが先、カネは後、ということになる。

3. 国の借金を支えるのも、カネではなくモノ

日本では「国の借金が1000兆円を超えた！」とよく騒がれる。この「国」とは中央政府のことだ。例えば、「国会」とは中央政府の議会を意味する。時折、「国の借金」という言い方はおかしい、正しくは「政府の借金」だ、と指摘する人を見かける。しかし「国」とは政府そのものの意味だから、「国の借金」という言い方自体に問題があるとは思われない。よって筆者は「国の借金」という表現を、今後も躊躇《ちゅうちょ》なく使い続ける。

さて、政府＝国の借金が1000兆円という場合の数字自体に、筆者は特に意味を感じない。図表2に示すように、明治18年（1885年）の国民総所得（＝GDP＋海外からの純所得）は、平成25年（2013年）の62万分の1、つまり、ほとんどゼロと変わらない数字だった。国の借金も同様だ（明治18年は平成25年の440万分の1）。50年、100年経てば、GDPや国の借金は天文学的に桁違いの数字になる。100年後の貨幣価値で見れば「国の借金が1000兆円？　あっそう」で終わるレベルになって何の不思議もない。それは我々が「明治18年の国の借金が0・0002兆円（2億円）だった？　あっそう」で終わってしまうのと、

まったく同様である。

つまるところ、経済の問題はカネではなく、モノが足りるかどうかだ。かつてアダム・スミスの『富国論』(『国富論』とも訳される)を読んだ高橋是清《これきよ》(明治、大正、昭和にかけて活躍した政治家、銀行家。内閣総理大臣、大蔵大臣、日本銀行総裁を歴任)は次のように書いている(『随想録』中央公論新社、2010)。

アダム・スミスと云《い》ふ有名な経済学者が百五十年程前に一国として尊ぶべきは金《かね》だと云《い》ふが金《かね》ではないといった。金《かね》は……他の国に取られて仕舞《しまえ》へばなくなるのである。してみれば金《かね》よりは品物が大切である。物資こそ国富の元だから盛んに物資を作らなければならぬ。

高橋はまた、かつての覇権国、スペインやポルトガルでは、中南米から持ち帰った金銀財宝が洪水のように満ちあふれていたが、彼らは自分でモノを作らなかったので「他国で作ったものを無闇《むやみ》に買入れたために其の代わりに金銀がドンドンと出て行った」と指摘する。自国でモノを作れないなら、他国から買うほかない。例えば文明開化の明治初期、日本には発電機を国内で生産する技術も設備もなかったので、外国から購入するしかなかった。しかも、当時の日本政府（あるいは日本銀行）が発行する日本円は受け取ってもらえないため、外国から外国の通貨、例えば、英ポンドや米ドルで借金して購入資金にあてなければならなかった。

外国で作ったものを買い入れるばかりで「金銀がドンドンと出て」ゆく状態が続けば、外国からの、しかも外国の通貨建ての借金がかさむ一方となる。

この状態は、現代の発展途上国の経済だ。途上国では、ダムや道路や港湾設備などの公共インフラや工場の生産設備が不足し、また自国通貨の信頼性は極めて低い。だから外国から外貨建てで借金をして技術を導入し、物資、設備を購入する必要がある。すると政府は、外貨建ての借金を抱えることになる。日本も明治時代や、第二次世界大戦以前はそうした状態だった。逆に、モノがしっかり作れる状態、インフラがしっかり整備された状態（先進国）なら、外国から外貨建てで借金する必要はなくなる。

外国から多額の外貨建ての借金を抱えている国（＝政府）の財政は、非常に不安定なものになりがちである。逆に、外国から外貨建ての借金を抱えていなければ、安定しやすい。それはまさに現代の日本である。しっかりモノ作りができる状態であれば、政府の財政も

図表２　国民総所得と中央政府負債
（明治、終戦直後、現在）

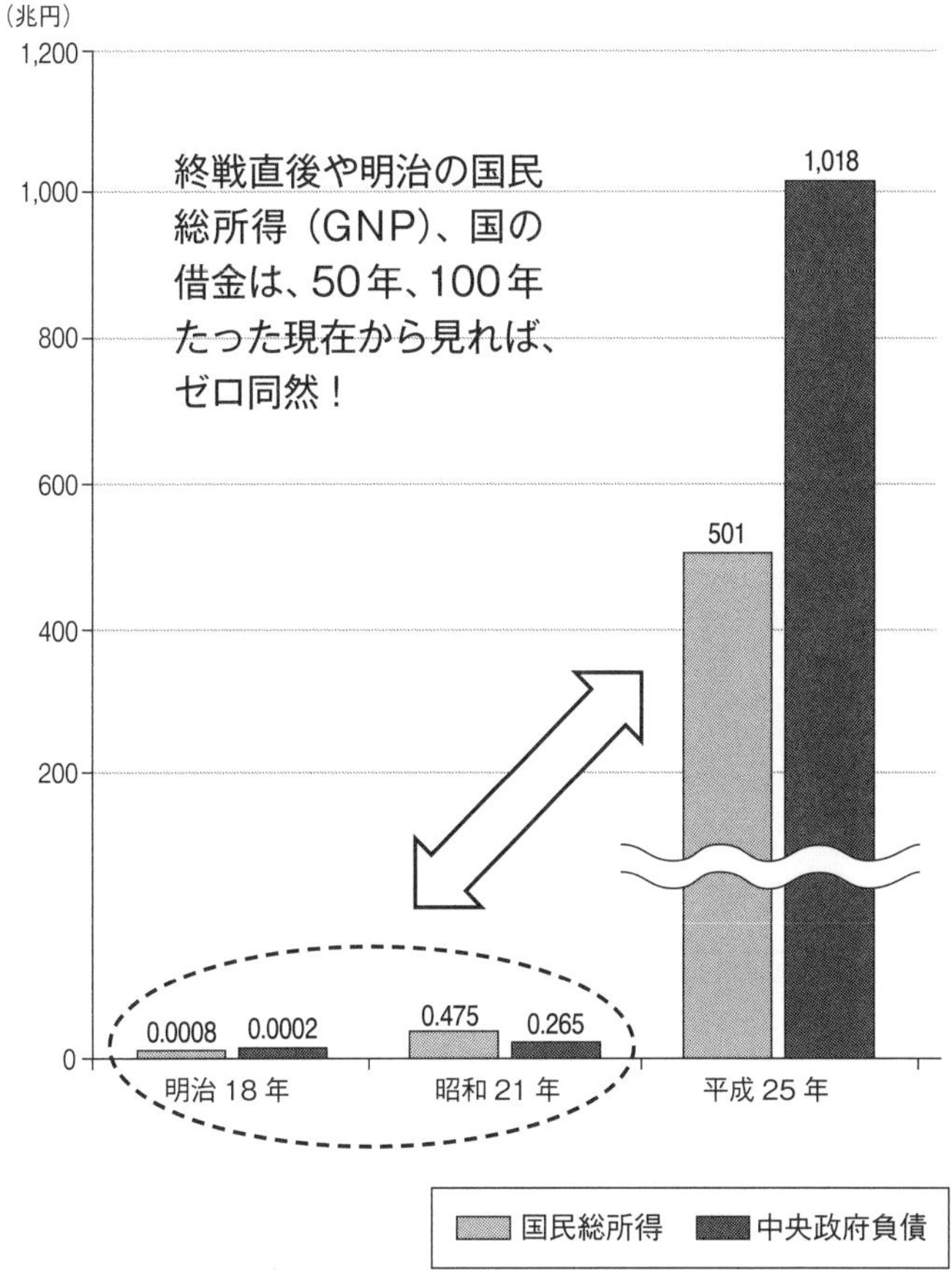

出典：国民総所得：東洋経済新報社「長期経済統計 1」
内閣府「国民経済計算」平成 25 年度確報
中央政府負債：東洋経済新報社「長期経済統計 5」
東洋経済新報社「昭和国勢総覧」
財務省「国債及び借入金並びに政府保証債務現在高」

安定しやすい。国の借金を支えるのもまた、カネではなくモノなのである。

しかし、「それでも国の借金が1000兆円あるのだから、日本の政府財政はそれほど安定しているとは言えない」とみなす人もいる——例えばS&Pやムーディーズなどの格付機関はそうだろう。しかし、次節以降に挙げる数々の事実に基づき、筆者はそれとはかなり違った見解を持つに至っている。

4．経済の基本原理：政府の支出（赤字）は民間の収入（黒字）

国の借金問題を考える上で、まず、全世界の経済を連結決算してみたい。つまり、地球上のすべての国々を一つの国とみなす。つまり疑似的に、政府は一つしかないことになり、その支出は、まるごと政府以外の収入となる。「政府以外」とはすなわち民間である。算式で書いてみると、

政府の支出＝民間の収入　……（1）

となる。この原理は、もっと身近なたとえで考えたほうが分かりやすい。あなたがレストランで食事をしたとする。少々高級な店で、食事代を1万円支払ったとしよう。そのお

カネは確かにあなたのフトコロからは消えてなくなるが、レストランの会計係が間違いなく受け取っている。つまり、あなたの1万円はあなたの財布からは消えたが、世の中全体で見れば消滅したわけではなく、レストラン側の収入となる。これが、政府と政府以外の資金のやり取りの際にも成立する。

先ほどの算式（1）を、政府の支出だけでなく収入も、そして民間の収入だけでなく支出も考慮して、少し書き換えると、

政府の財政収支＋民間の財政収支＝ゼロ　……（2）

となる。この式（2）は、

- 政府の財政赤字は民間の財政黒字と一致する
- 政府の財政黒字は民間の財政赤字と一致する

という二つの原理を一つにまとめて表現していることになる。さらに別に言い換えれば、次のようになる。

- 政府の借金が増えると、民間の貯金が増える
- 政府の貯金が増えると、民間の借金が増える

図表3に示すように、日本では1980年代半ばから1991年のバブル景気のあいだ、「政府の貯金が増え（借金が減り）、民間の借金が増える（貯金が減る）」状況だった。

それがバブル崩壊後には逆転し、「政府の借金が増え、民間の貯金が増える」状況が延々と続いている。「政府の黒字は民間の赤字」、「政府の赤字は民間の黒字」という基本的な動きが、実際に日本経済で観測されている。政府の赤字（借金）はそっくり民間の黒字（貯金）となっている。なお、ここでいう「政府」とは、中央政府（国）だけでなく、地方自治体、社会保障基金を合わせた一般政府である。また、「借金」はその一般政府の負債の合計から、金融資産の合計を差し引いた純粋な借金（金融純負債）の金額を指す。

2015年6月末時点の一般政府の負債は1206兆円、金融資産は574兆円、負債から金融資産を差し引いた金融純負債は632兆円である。この632兆円の「純粋な借金」は、日本のGDP491兆円（内閣府「国民経済計算」2015年4－6月期1次速報値による2014年度名目GDP）に比べるとやはり大きいのかも知れない。しかし、その反対側で民間に蓄積された「純粋な貯金（金融純資産＝金融資産―負債）」は980兆円で、GDPの2倍にのぼる。結局、現状の日本経済においては、政府が借金を増やせば増やすほど、民間の貯金が増える。それが、政府の借金を支える資金源になっている。だからこそ、

図表３　日本：「国の借金」と「民間の貯金」の状況

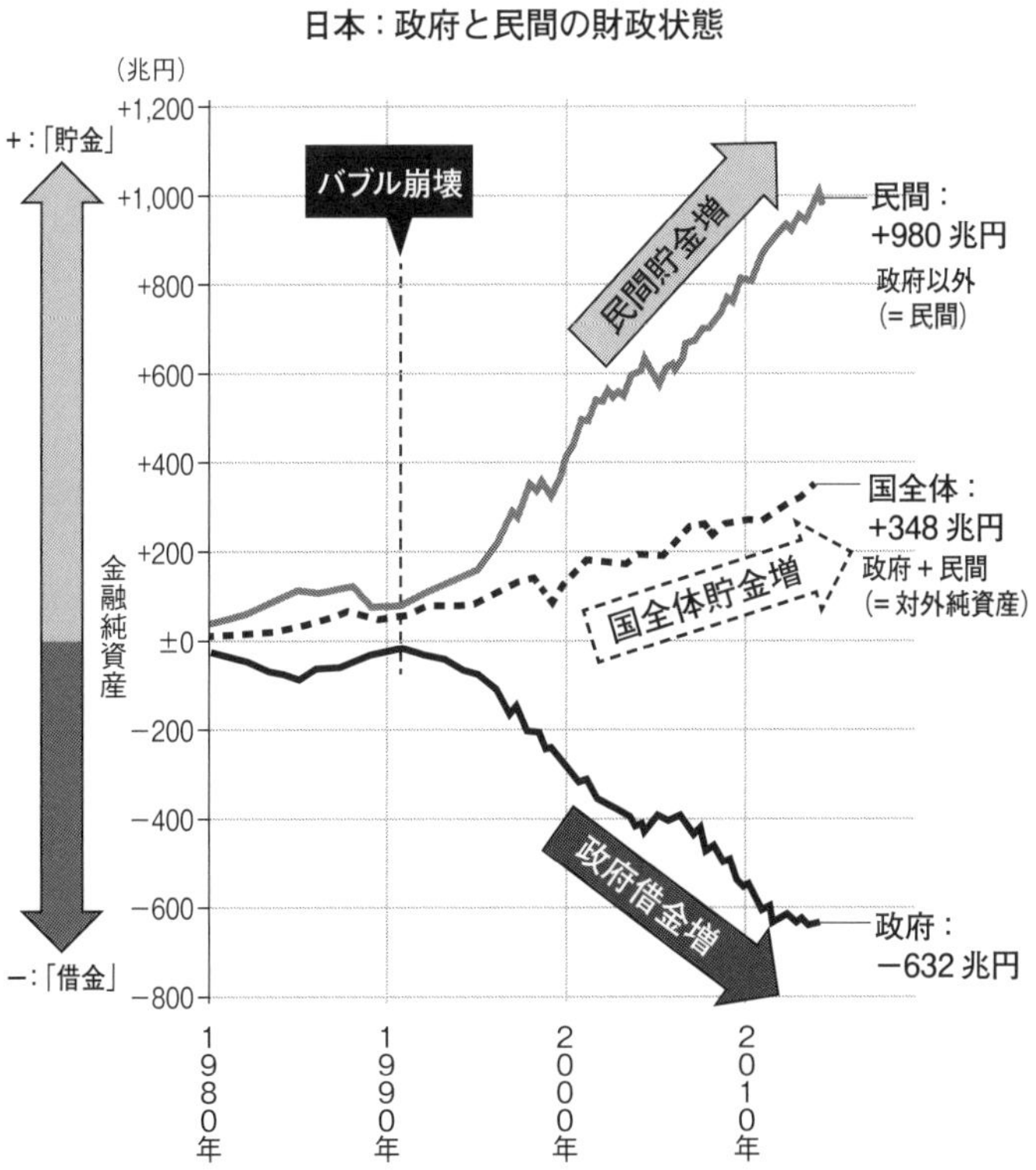

政府の借金が増えるほど、それ以上に民間の貯金が増加！

出典：日本銀行「資金循環統計」データから計算

少なくともリーマンショック後から2015年前半あたりまでは、日本経済は世界的にも、極めて安定していたと考えられる。

図表4は、リーマンショック前後の各国通貨の対ドル為替レートの変化率と、リーマンショック直前の各国の公的債務GDP比(より正確には一般政府負債÷名目GDP)である。リーマンショック直前の公的債務GDP比では日本が世界第2位、先進国「最悪」だった。しかし、リーマンショック直後の3ヵ月において、通貨価値が世界一上昇したのは、ほかならぬ日本円である。

この事実は、少なくともリーマンショック当時、世界的金融危機でも、日本の「国の借金」の大きさがほんの少しも問題にされなかったことを示す。一方、GDP比で測られる国の借金の大きさが日本よりはるかに小さかった国々、例えば、韓国やニュージーランド、オーストラリア(公的債務GDP比がそれぞれ31%、17%、10%)は、リーマンショック前後で対ドル通貨価値が大きく下落している(それぞれマイナス24%、マイナス21%、マイナス24%)。

以上は、国の借金の大きさや、公的債務GDP比がいったい何の役に立つのか、との疑問を投げかけるのに十分な材料だろう。しかし、そうした疑問がマスメディアで語られることは、皆無に等しい。

図表4　リーマンショック前後における各国通貨の対ドル為替レートの変化率と、リーマンショック直前の各国公的債務GDP比

対ドルレート変化率　ランキング
08年8月→12月　（＋通貨高　－通貨安）

1	**日本円**	**+20.0%**
2	香港ドル	+0.7%
3	人民元	−0.1%
4	タイ・バーツ	−3.3%
5	シンガポール・ドル	−5.1%
6	スイス・フラン	−5.4%
7	マレーシア・リンギット	−6.3%
8	フィリピン・ペソ	−6.3%
9	イスラエル・シェケル	−8.1%
10	デンマーク・クローネ	−10.1%
11	ユーロ	−10.2%
12	ブルガリア・レブ	−10.2%
13	リトアニア・リタス	−10.2%
14	マケドニア・ディナール	−10.5%
15	クロアチア・クーナ	−10.6%
16	ラトビア・ラッツ	−10.8%
17	インド・ルピー	−11.3%
18	ロシア・ルーブル	−14.1%
19	カナダ・ドル	−14.7%
20	チェコ・コルナ	−16.5%
21	ルーマニア・レウ	−19.2%
22	インドネシア・ルピア	−19.5%
23	ハンガリー・フォリント	−20.1%
24	イギリス・ポンド	−21.3%
25	**ニュージーランド・ドル**	**−21.4%**
26	スウェーデン・クローナ	−21.5%
27	南アフリカ・ランド	−23.3%
28	**韓国ウォン**	**−24.0%**
29	ノルウェー・クローネ	−24.0%
30	トルコ・リラ	−24.1%
31	**オーストラリア・ドル**	**−24.2%**
32	メキシコ・ペソ	−24.8%
33	ポーランド・ズロチ	−26.2%
34	ブラジル・レアル	−32.9%
35	アイスランド・クローナ	−62.2%

出典：Eurostat 月平均対ユーロ為替レートを対ドル換算して計算

公的債務GDP比ランキング
2007年

1	リベリア	487%
2	**日本**	**183%**
3	ギニアビサウ	179%
14	イタリア	103%
19	シンガポール	85%
21	ベルギー	84%
28	イスラエル	75%
34	ポルトガル	68%
36	アルゼンチン	67%
37	ハンガリー	67%
38	カナダ	67%
39	ドイツ	65%
40	ブラジル	65%
43	フランス	64%
44	アメリカ	64%
58	スイス	56%
66	ノルウェー	50%
74	ポーランド	45%
76	イギリス	44%
86	スウェーデン	40%
89	タイ	38%
91	メキシコ	38%
96	インドネシア	35%
107	香港	31%
108	**韓国**	**31%**
112	アイスランド	29%
115	チェコ	28%
139	中国	20%
149	**ニュージーランド**	**17%**
162	**オーストラリア**	**10%**
164	ロシア	9%
177	リビア	0%

出典：IMF World Economic Outlook Database (WEO) Apr.2014

5．応用原理：ある国の経常黒字＝他の国の経常赤字

日本の民間の「純粋な貯金」９８０兆円が、なぜ国の「純粋な借金」６３２兆円を上回っているのか——しかも、３４８兆円という巨大な金額で——といえば、民間と政府を合わせた国全体として、日本は自国以外の世界全体に対し、30年以上もの間、黒字を続けているからだ。政府と民間を合わせた国全体の収支を、経常収支と呼び、算式で表せば、

政府の収支＋民間の収支＝経常収支（対外収支）……（３）

となる（厳密には「国全体の収支＝経常収支＋資本収支」だが、資本収支は経常収支に対してかなり小さい場合が多い。よって、ここでは話を簡単にするため「国全体の収支＝経常収支」とする。さらに細かくいえば、「国全体の収支」とは、政府と民間の金融収支の合計を意味する）。

逆に、日本を除く世界全体の連結決算では、収支は長年、赤字続きである。日本の黒字は、日本以外の世界全体の赤字だから、日本では政府の赤字（借金）がそっくり民間の黒字（貯金）に回っているのみならず、海外に対する黒字分までもが、そのまま民間の黒字（貯金）に上積みされているという、全世界「羨望の的」の状況にある。この貯めに貯め込ん

だ「国全体の純粋な貯金（＝対外純資産）」３４８兆円は、世界最大規模である（財務省資料によると、２０１４年末の主要国の対外純資産は、日本３６６・９兆円、中国２１４・３兆円、ドイツ１５４・７兆円、スイスと香港がともに99・5兆円）。

一方、世界には日本のように恵まれた状態の国は少ない。ある国が経常黒字になれば、必ず経常赤字の国が存在し、ある国の「国全体の純粋な貯金（＝対外純資産）」がプラスになるには、必ずマイナスの国が存在しなければならないからだ。例えば、ギリシャである。

6．経常赤字：危険な香り

図表5に示すように、ギリシャでは２００２年のユーロ導入以降、政府のみならず民間までもが赤字化し、民間の「純粋な貯金」がマイナスに転じてしまった。そして政府と民間の収支の合計たる経常赤字が続き、政府と民間を合わせた国全体の対外純資産も大きくマイナスに傾いた。日本とはまるで違う、別世界のような状況と言える。

２０１５年の6月から7月にかけ、ギリシャはＩＭＦ（国際通貨基金）やＥＵ（欧州連合）、ＥＣＢ（欧州中央銀行）から借りていた資金の返済に行き詰まり、新たな金融支援策を巡って国民投票が実施されるなど、大騒ぎとなった。日本のマスメディアには「ギリシャは明日の日本」と騒ぐ向きもあったが、政府と民間を合わせた国全体の財政状態を見れば、ギリシャの借金問題は、日本とはまったく異なる。

ギリシャを含む共通通貨ユーロを採用している国々の、リーマンショック前後の状況を見てみよう（図表6）。ギリシャなど経常赤字の国と、ドイツなどの経常黒字の国があり、ユーロ圏全体では赤字と黒字の境目を行き来していた。しかし、リーマンショック直前では、赤字国の赤字が大きくなる一方、黒字国の黒字もまた大きくなる一方であった。

そして、リーマンショック後に危機に陥った国々――キプロス、ギリシャ、イタリア、アイルランド、ポルトガル、スペイン――は、ことごとく経常赤字であった。

リーマンショック後のユーロ圏債務危機において、ギリシャ国債の利回りが最初のピークを記録した2011年12月の各国の長期国債利回りを見てみると、経常赤字国ほど利回りが高く、経常黒字国ほど利回りが低くなっていた（図表7）。債券の利回りは、貸し倒れの危険が高いとみなされるほど高くなる。債券の買い手（資金の貸し手）が、事前に高い金利を受け取ることで、貸し倒れによる資金の回収不能リスクを回避しようとするためである。よって、経常赤字国ほど国債の利回りが高かったのは、それだけリスクが高いとみな

図表5　ギリシャ：「国の借金」と「民間の貯金」の状況

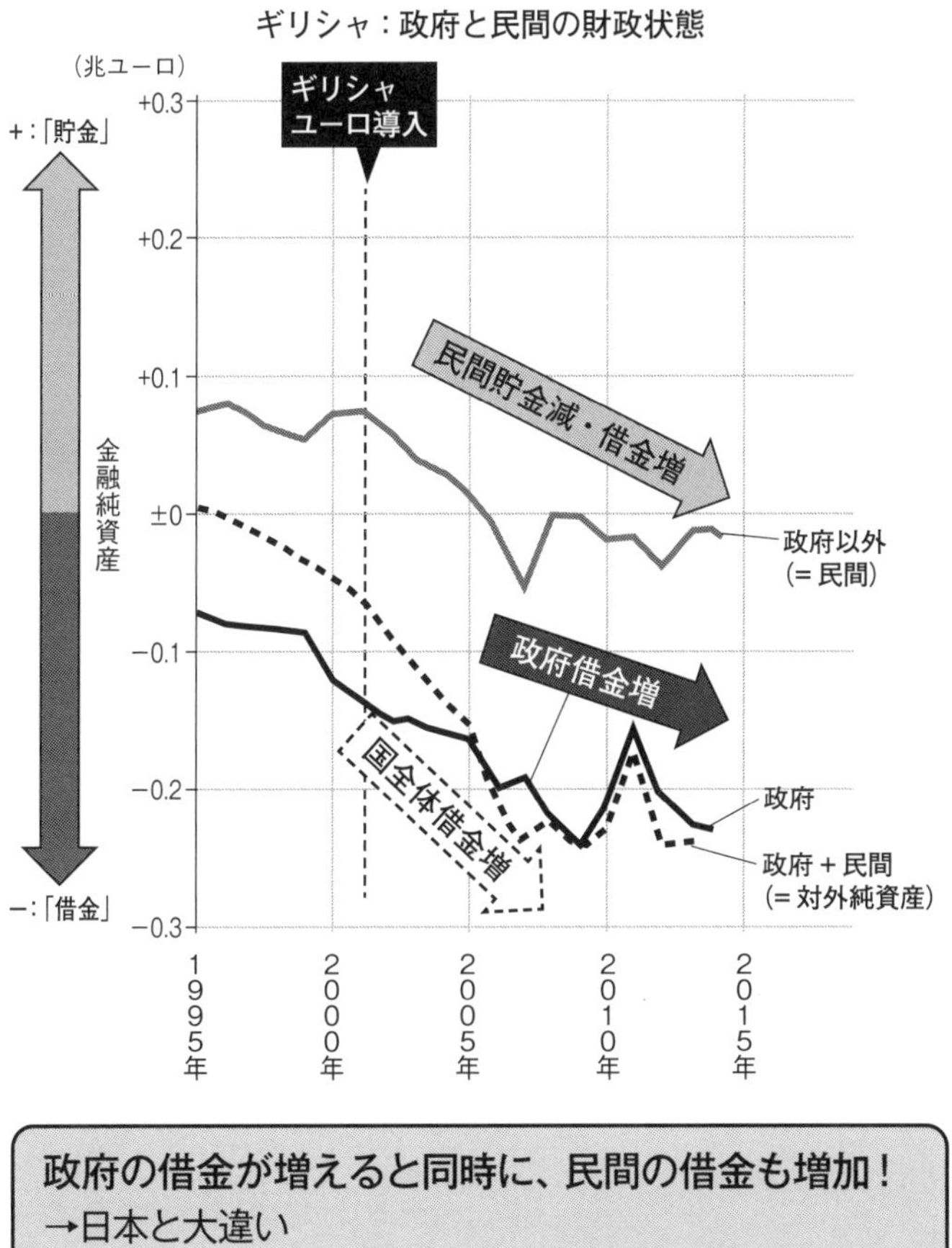

政府の借金が増えると同時に、民間の借金も増加！
→日本と大違い

出典：OECD.StatExtracts

図表6　経常収支の重要性：ユーロ危機で証明！①

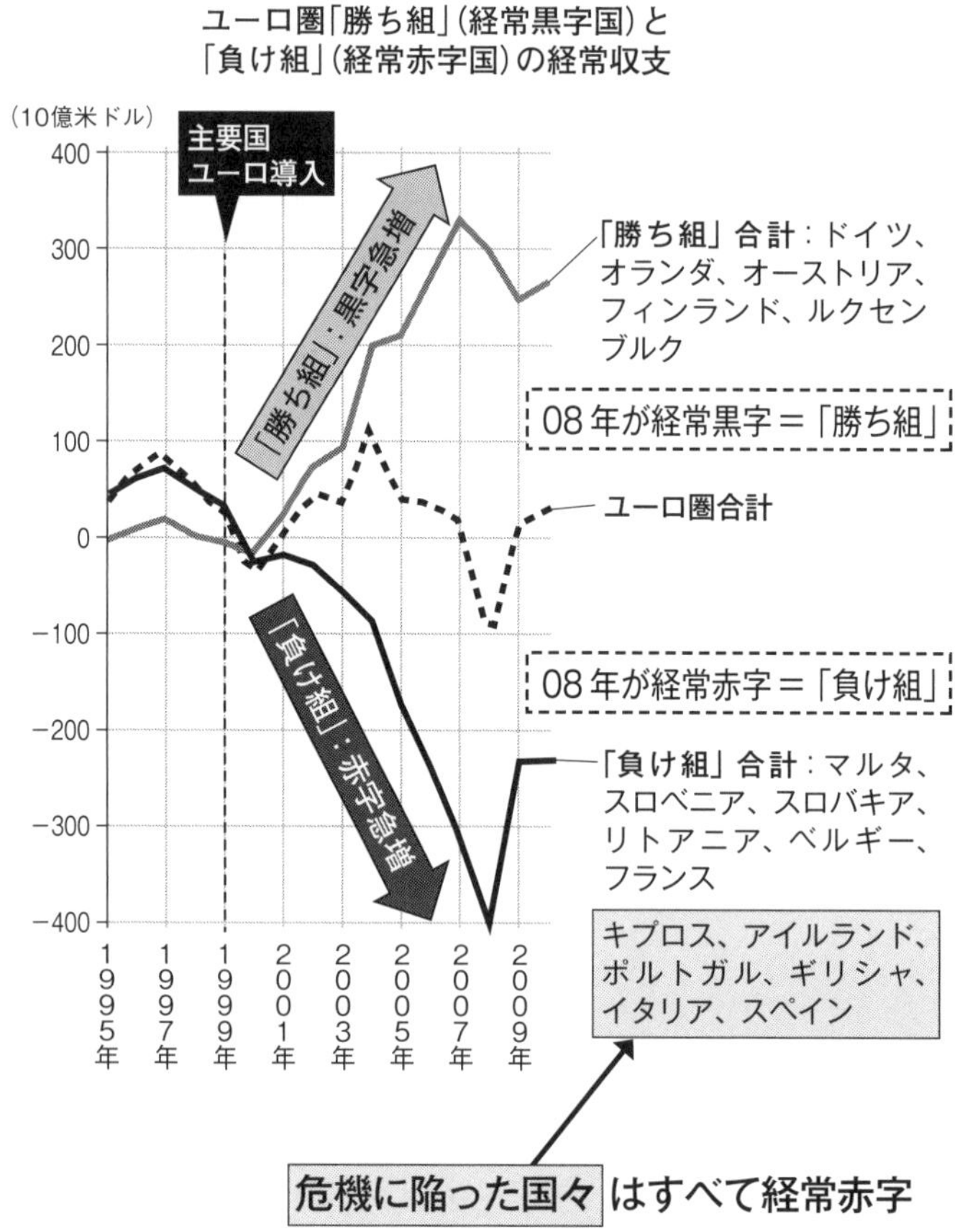

出典：IMF WEOデータから計算

されていたことを意味する。

7．「政府の赤字」よりも「民間の赤字」が危ない

過去の事例から見ると、政府の赤字よりも、民間の赤字のほうが危険性は高いと思われる。例えば1929年のアメリカ発世界大恐慌は、政府の赤字によって引き起こされたものではない。当時、米連邦政府は10年ものあいだ連続して黒字であり、公的債務も10年連続で減少していた（図表8）。このとき恐慌の原因となったのは政府の借金などではなく、民間の借金であり、不景気はやがて第二次世界大戦を引き起こしていったのだ。

1990年バブル崩壊における日本、97年の通貨危機における韓国やタイ、2008年の政府財政破綻のアイスランド、同年の不動産バブル崩壊のアイルランドやスペインにおいても、危機発生以前の政府は財政黒字であった（図表9）。政府の財政黒字が危機を防ぐわけではないのだ。「政府が財政黒字である」、あるいは、「政府の財政が黒字化した」ということは、むしろその反対側で民間の赤字がかさみ、近い将来における危機が醸成されていると疑ってかかるべき、とすら言える。

図表７　経常収支の重要性：ユーロ危機で証明！②

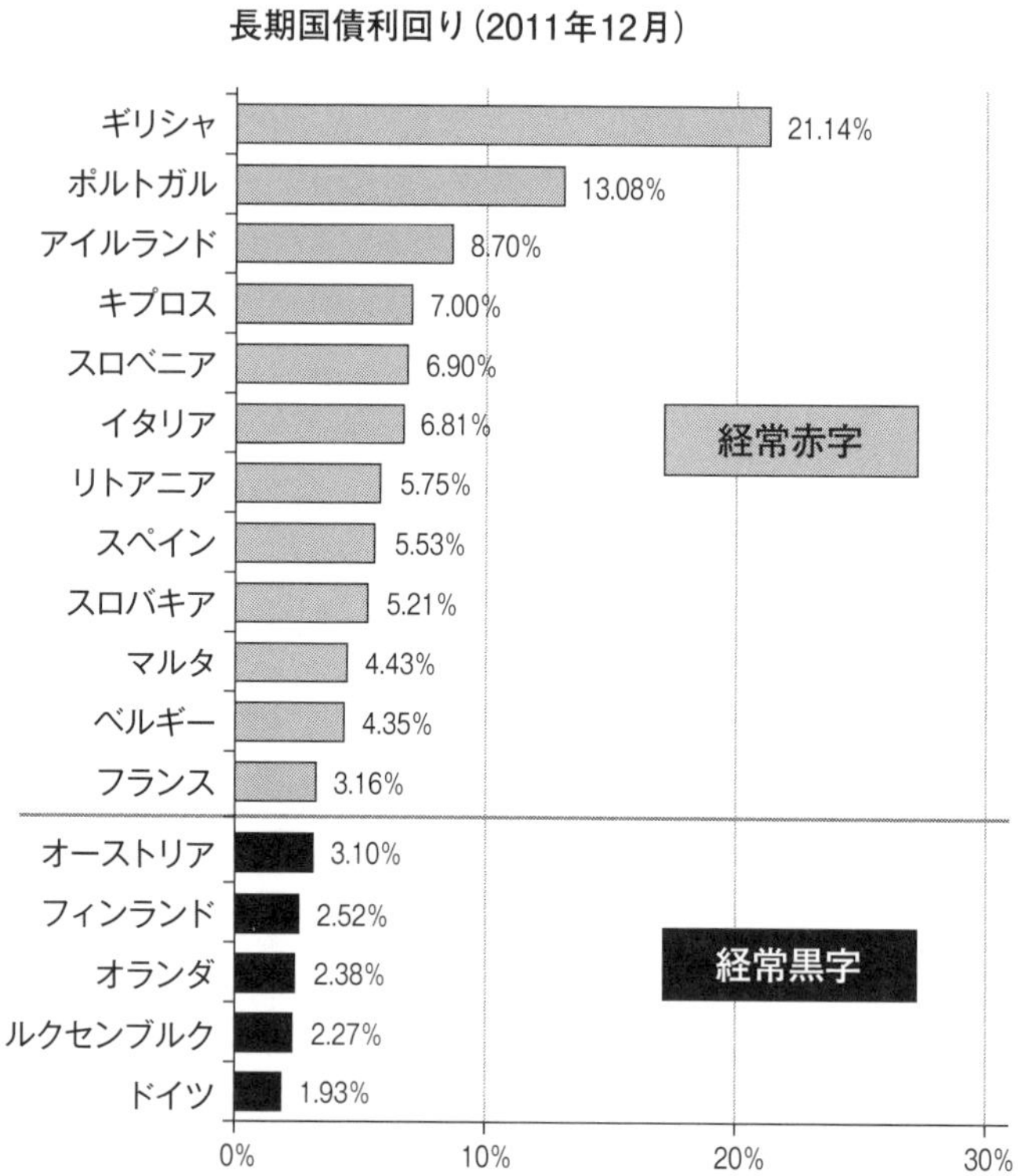

→経常赤字国ほど金利が高い
→経常黒字国ほど金利が低い

出典：Eurostat-Long term government bond yields %

図表８　政府が黒字でも財政破綻や危機は起こる①

1929年　大恐慌前のアメリカ政府財政

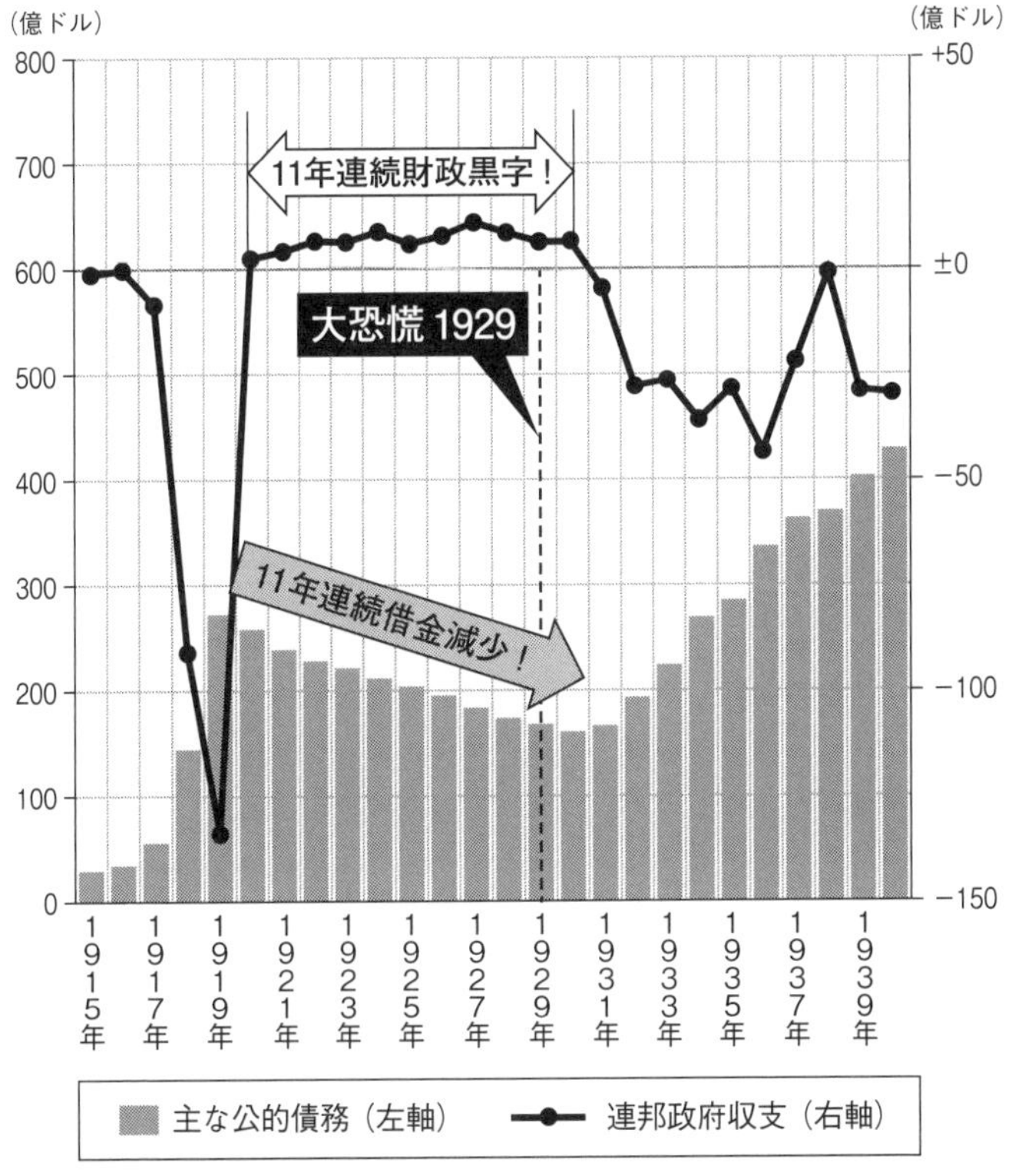

政府が黒字続きでも大恐慌！
→つまり、民間の赤字、民間の借金が「破裂」した！

出典：公的債務：米財務省　公的債務局
連邦政府収支：米ホワイトハウス行政管理予算局

図表9　政府が黒字でも財政破綻や危機は起こる②

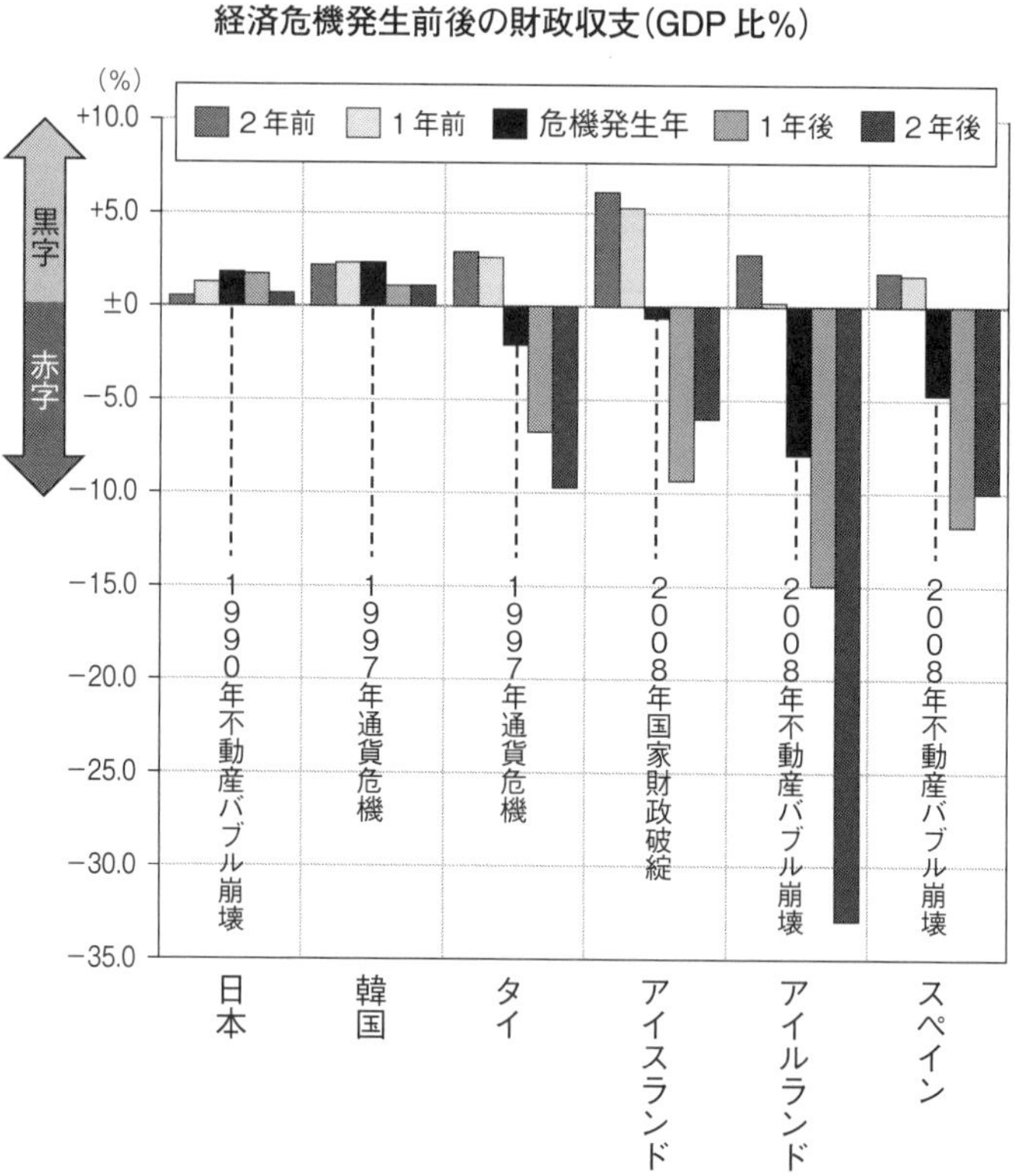

政府が黒字でも危機が防げるわけではない！
→政府よりもむしろ民間の財政状態のほうが重要！

出典：IMF WEO

図表10に、近年起きた各国の危機前後における民間収支を示す。多くの場合、危機発生以前に民間が赤字になり、危機発生後は民間赤字が縮小するか、黒字化している。つまり、民間部門が危機以前の借金モードから危機後、貯蓄モードに急転換する、というのが典型的な現象である。

ここで、図表10の3行目、アイスランドに注目して頂きたい。危機の2年前、同国の民間の財政収支はGDP比で30％を超える赤字になっていた。日本のGDPは約500兆円であるから、これを日本に置き換えれば、民間の財政赤字が150兆円を超えていたことになる。もし日本政府の財政赤字が150兆円を超えたら、マスメディアは連日それを書き立て、国政選挙の候補者ら（特に野党候補者）はこぞって「財政赤字が150兆円なんですよ、皆さん！　いますぐ無駄遣いを止めなければならないのです！　しがらみがなく、既得権益とは一切無縁な私なら、それができます！」などと言い立てて、有権者の歓心を買おうとするだろう。他方でこれが、政府の赤字よりもずっと危険な民間の赤字の場合、誰も騒ぎ立てることはない。なぜならその場合、たいていは政府が黒字であるからだ。そして、本当の危機の芽――民間の財政赤字――が放置されがちなのが常である。

「誰かが黒字であれば、他の誰かが必ず赤字である」という経済の基本原理――会計の基

図表10　危機発生前後の国内民間部門の財政収支GDP比

「民間の財政収支＝経常収支－一般政府財政収支」による簡易計算

	-3年	-2年	-1年	危機発生±0年	+1年	+2年	+3年	危機発生年	備考
アルゼンチン	-2.8%	-0.1%	+0.5%	+4.6%	+24.9%	+10.8%	+4.6%	2001	対外債務不履行
ギリシャ	-2.0%	-5.4%	-7.8%	-5.0%	+4.4%	+0.7%	-0.3%	2008	債務危機
アイスランド	-21.0%	-31.9%	-21.1%	-14.9%	-0.7%	+1.8%	+0.6%	2008	対外債務不履行
アイルランド	-5.2%	-6.5%	-5.4%	+1.7%	+11.5%	+31.7%	+14.3%	2008	債務危機
イタリア	+3.6%	+1.9%	+0.3%	-0.2%	+3.4%	+0.9%	+0.7%	2008	債務危機
日本	+3.8%	+2.2%	+0.9%	-0.3%	+0.2%	+2.3%	+5.5%	1990	バブル崩壊
韓国		-3.9%	-6.5%	-4.1%	+10.7%	+4.0%	-1.6%	1997	通貨危機
韓国	+1.3%	+0.3%	-0.2%	-1.3%	+3.9%	+1.2%	+0.5%	2008	通貨危機
メキシコ	-3.3%	-6.0%	-4.8%	-5.0%	+3.6%	+4.5%	+3.9%	1994	通貨危機
ポルトガル	-3.8%	-6.9%	-6.9%	-8.9%	-0.7%	-0.7%	-2.7%	2008	債務危機
スペイン	-8.6%	-11.3%	-12.0%	-5.1%	+6.3%	+5.1%	+5.8%	2008	債務危機
タイ		-10.9%	-10.6%	-0.4%	+19.1%	+19.1%	+9.4%	1997	通貨危機
英国	-5.4%	-1.9%	+1.6%	+4.6%	+6.2%	+6.0%	+4.9%	1992	通貨危機
米国	-2.0%	-3.1%	-4.8%	-2.4%	+0.6%	+1.4%	+0.3%	2001	バブル崩壊
米国	-1.5%	-2.8%	-1.4%	+2.4%	+10.0%	+9.0%	+7.6%	2008	リーマンショック

出典：IMF WEOから計算

本原理というべきかも知れないが――は、経済を語る際に決して忘れてはならない、と筆者は考える。08年のリーマンショックはまさに、リーマンブラザーズという民間証券会社の借金がはじけたことをきっかけに生じた。

8.「対外債務」と「国内債務」、「通貨発行権で対応できる債務」

先に、外国からの外貨建ての借金が、政府の財政を不安定にすると述べた。理由は、ある国に何かのきっかけで経済不安が起き、その国の通貨が著しく下落した場合、外貨建ての借金は自国通貨換算で一気に膨らみ、返済が困難に、場合によっては債務不履行となり、その国の信用がさらに落ちる危険性が高いからだ。加えて、外貨建ての借金については通貨発行権を行使した救済措置が使えない問題もある（自国通貨建ての借金であれば、通貨発行権を使って自国通貨を増発し、債務不履行の問題を処理できる）。以上から、外貨建ての借金は危険性が高い。借金をする主体が政府であろうと民間であろうと、同じことである。

例えば、08年に政府が財政破綻したアイスランドである。

アイスランドでは、銀行の民営化が完了した２００３年には、ＧＤＰ比１００％強しかなかった銀行の資産規模が、07年には1000％を超えた。大きくなり過ぎた銀行の資産規模が、08年秋ごろ、世界的な信用不安の中で市場から不安視され、資金の引きあげとアイスランド・クローナの急落につながり、2、3週間のうちに三つの銀行の破綻を招いた。その三つの銀行は破綻前に国有化され、「巨額の国際的債務につき債務不履行を起こした」のである。[※1] IMF報告書[※2]によると、国内事業者や家計の外貨建て借入れが急速に膨らんでいた（図表11）。加えて、家計の自国通貨建て借入れも、その8割が自国通貨クローナの急落に連動して金利や元金の返済負担が重くなるインフレ連動（Inflation-Indexed）債務だったため、外貨建て債務に近い性質のものだったと言える。

アイスランドが政府財政破綻に至った過程は、

①リーマンショックに伴う世界的信用不安の発生

②その渦中で（GDP比で）大きくなり過ぎたアイスランド銀行部門への市場の信頼喪失

③自国通貨の急激な下落。自国通貨換算でみた外貨建て債務が急速に膨張

④民間部門の外貨建て債務（銀行からの外貨建て借入金）負担の急増↓銀行に対する債務不履行の急増

図表11　アイスランド政府財政破綻前における預金銀行の貸付状況(単位　GDP比%)

	2003	2007
預金銀行による貸付金	109.2%	404.3%
国内部門への貸付金	95.7%	248.7%
(うち家計向け)	21.9%	65.5%
(うち事業者向け)	67.6%	175.5%
海外部門への貸付金	13.4%	155.7%
預金銀行による外貨建て貸付金	53.5%	277.4%
国内部門への外貨建て貸付金	41.2%	126.5%
(うち家計向け)	1.5%	10.9%
(うち事業者向け)	38.4%	108.1%
海外部門への外貨建て貸付金	12.2%	150.8%

出典：巻末注［2］の p.26, p28 のデータから計算

図表12　アイスランド一般政府の財政状況推移、金融資産、負債、金融純資産(単位　GDP比%)

	1998	1999	2000	2001	2002	2003	2004	2005	2006
金融資産	33.9%	36.9%	34.5%	44.5%	42.2%	39%	35.4%	37.9%	48.3%
負債	75.5%	71.9%	70.9%	72.9%	69.8%	68.8%	62.1%	51%	55.9%
金融純資産	-41.6%	-35%	-36.4%	-28.4%	-27.7%	-29.7%	-26.7%	-13.2%	-7.7%

	2007	2008	2009	2010	2011	2012	2013	2014
金融資産	51.7%	72.8%	75.5%	72.9%	75.3%	70.1%	63.7%	66%
負債	50.7%	97.7%	113.2%	118.5%	126.6%	123.5%	115.3%	113%
金融純資産	1%	-24.9%	-37.6%	-45.6%	-51.3%	-53.4%	-51.6%	-47%

出典：Statistics Iceland（2015年3月12日更新）

⑤銀行の外貨資金繰り悪化（外国から外貨を調達して国内に貸し付けるという金融仲介を銀行がしていたため）

⑥危機によって再国有化した国内３大銀行の破綻

とまとめることができる。政府の財政破綻、国家経済の重大な危機の発生の大きな要因は、政府ではなく民間の外貨建て債務であったと言える。

アイスランドの政府財政破綻の引き金を引いた、アメリカにおけるリーマンショックやサブプライムローン危機は、アメリカ政府の債務ではなく、アメリカの民間部門の同時多発的な債務不履行が全世界に波及したものである。また、１９９１年の日本のバブル崩壊も、日本政府ではなく民間部門の同時多発的な債務不履行が国家経済を揺るがしたものだし、１９２９年のアメリカ発世界大恐慌もまた、アメリカ政府の破綻ではなくアメリカの民間部門の同時多発的な債務不履行が全世界に波及したものである。国家経済の安定ということに関しては、政府の負債の多寡《たか》だけではなく、民間の財政状態をもあわせて勘案すべきだ。

アイスランド政府は、危機前年の２００７年まで10年以上にわたって公的債務ＧＤＰ比をほぼ一貫して減らし続け、07年には金融資産が負債を上回り、国の借金は実質ゼロの状態となっていた（前掲図表12）。政府の借金がゼロでも、上述のような大規模な民間の外貨建て借金があれば、危機を防ぐことはできないのである。

ここまで、国家債務危機で問題になるのは**「外貨建て債務」**、**「外貨建て借金」**であると書いてきた。ギリシャなど共通通貨ユーロを採用している国々にとって、ユーロは「外貨」ではなく、形式的には自国通貨である。しかし、ギリシャやドイツなどの各参加国は「自国通貨」であるはずのユーロをそれぞれ独自に発行することはできず、通貨発行権を持たない。厳密に言えば、借金が「外貨建てかどうか」より、**「独自の通貨発行権で対応できるかどうか」**が重要であると言える。

次に、国家破綻で問題になる**「国内債務」**という概念と**「対外債務」**という概念がある。これについて、800年間にもわたる約30ヵ国のデータに基づき、政府債務の対GDP比率がある水準（90％）を超えると、その国の経済成長が減速する可能性が高いと論じた、財政学の権威であるハーバード大学のケネス・ロゴフ教授らの著書『国家は破綻する金融危機の800年』（カーメン・M・ラインハート、ケネス・S・ロゴフ著、村井章子訳、日経B

P、２０１１）がよく知られている。だが同書における政府の「国内債務不履行」の事例は「自国通貨建て債務でも破綻するリスクが高い」ことを意味しない。なぜなら同書の「国内債務」は、自国通貨建て債務に限定していないからだ。同書が挙げる70件の「国内債務不履行」の事例のうち、データが比較的入手しやすい１９７０年以降の42件について筆者が調査したところ、大半は（1）内戦や外国からの侵攻などの情勢不安（25件）や、（2）外貨建て債務もしくは共通通貨などの実質外貨建て債務（13件）が原因で、残りの少数が（3）激しいインフレへの対応（4件）となっていた（『「国の借金」アッと驚く新常識』技術評論社、２０１２）。

いずれのケースも、現在の日本から程遠い状況だ。なお、激しいインフレに対応するための国内債務不履行について、『国家は破綻する』の１９１ページに以下の記述がある。

なぜ政府は、インフレで問題を解決できるときに、わざわざ国内債務の返済を拒否するのだろうか。言うまでもなく一つの答えは、インフレがとくに銀行システムと金融部門に歪みを生じさせるから、というものである。インフレという選択肢があっても、支払い拒絶の方がましであり、少なくともコストは小さいと政府が判断することもある。

インフレで解決できる債務は、国内債務の場合でも、通貨発行権で対応できる自国通貨建て債務に限られる。あるいは、対外債務であっても、自国通貨建て債務なら、インフレが許容範囲内であれば、通貨発行権で対応できる。ラインハートとロゴフは同書で、通貨発行権で対応できる自国通貨建て債務と、外貨建て債務も含まれる「国内債務」を混同していると思われる。彼らが「国内債務」の債務不履行としている事例のなかに、国内銀行における外貨建て預金の預金封鎖の事例が複数見受けられる。同書は政府財政について議論する際、よく引き合いに出されるが、この点は細心の注意を払うべきだろう。

関連して、ＩＭＦにおける「対外債務（External Debt）」の定義は、**借り手の国の居住者でない者が貸し手であるところの金融債務**となっている（http://www.imf.org/external/np/exr/glossary/showTerm.asp#94）。

一方、世界銀行のデータベースで集計されている対外債務（Total external debt＝政府と民間の対外債務総額）の定義を確認しておくと、

対外債務総額は外国通貨、財、サービスの形で返済すべき、非居住者に対する債務である。これは、公的／公的保証／民間非保証の長期・短期債務、ＩＭＦ資金貸出の利用額の

合計である

となっている（IBRD/ World Bank. "World Development Indicators 2014"）。

世界銀行の定義にある「外国通貨で」が、ＩＭＦの定義にはない。

ＩＭＦの国内債務・対外債務の定義は、ラインハートとロゴフの国内債務・対外債務と同じく、貸し手の居住地だけで区別するものであり、世界銀行の対外債務で定義するような「貸し手が非居住者かつ外貨建て」とは異なっている。このように、用語の定義に違いがあることは、財政余裕度の議論に少なからぬ混乱をもたらすように思える。

過去の危機事例を考えると、国内、国外の区別や、自国通貨建て、外貨建ての区別による分類よりも、内外を問わず、通貨発行権で対応できるかどうかで分類すべきである。上述したように、国内債務であり、かつ、自国通貨建ての借金であっても、自国の通貨発行権で対応できない、ユーロのような共通通貨による借金であれば、対応は困難になるからだ。よって筆者は、「通貨発行権で対応できる債務」と「通貨発行権で対応できない債務」という区分法を提案したい（図表13）。

図表13　ラインハートとロゴフ、IMF、世界銀行および筆者提案の債務の内外区分の違い

ラインハートとロゴフの著書やＩＭＦによる債務の内外区分

<table>
<tr><td colspan="2"></td><td colspan="4">債務の通貨による違い</td></tr>
<tr><td colspan="2"></td><td>独自通貨</td><td>共通通貨</td><td>外国通貨</td><td>財※・サービス</td></tr>
<tr><td rowspan="2">債権者の居住地</td><td>国内</td><td colspan="4">国内債務</td></tr>
<tr><td>国外</td><td colspan="4">対外債務</td></tr>
</table>

世界銀行による債務の内外区分

<table>
<tr><td colspan="2"></td><td colspan="4">債務の通貨による違い</td></tr>
<tr><td colspan="2"></td><td>独自通貨</td><td>共通通貨</td><td>外国通貨</td><td>財※・サービス</td></tr>
<tr><td rowspan="2">債権者の居住地</td><td>国内</td><td rowspan="2" colspan="2">（定義されず）</td><td colspan="2"></td></tr>
<tr><td>国外</td><td colspan="2">対外債務</td></tr>
</table>

筆者（廣宮）提案の債務の内外区分

<table>
<tr><td colspan="2"></td><td colspan="4">債務の通貨による違い</td></tr>
<tr><td colspan="2"></td><td>独自通貨</td><td>共通通貨</td><td>外国通貨</td><td>財※・サービス</td></tr>
<tr><td rowspan="2">債権者の居住地</td><td>国内</td><td rowspan="2">通貨発行権で対応できる債務</td><td rowspan="2" colspan="3">通貨発行権で対応できない債務</td></tr>
<tr><td>国外</td></tr>
</table>

※「財（英語では goods）」は、経済学用語で「モノ」を意味する

9.「経常赤字」＋「通貨発行権で対応できない債務」：最悪の組み合わせ

これまで書いてきた内容をまとめると、

- 経常赤字は危険である
- 通貨発行権で対応できない借金は危険である

ということになる。

ドイツのように、独自の通貨発行権を持たないユーロ圏の国は、政府であれ民間であれ、借金はことごとく通貨発行権で対応できない債務である。ユーロ圏各国における借金はすべて、ユーロ建てかユーロ以外の通貨すなわち外貨建ての借金であるため、通貨発行権で対応できない。にもかかわらずドイツは一切「債務危機」になっていない。なぜかといえば、経常黒字が続いていたからだろう。通貨発行権で対応できない借金は危険であるが、経常黒字が続いていれば危険は少ない。経常黒字が続くと、官民合わせた国全体の「貯金」すなわち対外純資産が増え続けるからだ。

一方、経常赤字が延々と続いていても、危機に陥らない国々もある。

アメリカやイギリス、オーストラリア、ニュージーランド（ＮＺ）は、過去30年以上、ほぼ一貫して経常赤字が続いている。しかし、少なくとも２０１５年までは、本格的な債務危機には至っていない。それは、官民合わせた借金が、主に通貨発行権で対応できる借金だからと考えられる。通貨発行権で対応できる借金なら、経常赤字の危険はかなり少ないということになる。それは、リーマンショック直後、同じように通貨価値が下落した、オーストラリアと韓国に対する市場の反応の違いに如実に表れた。

韓国についての市場の反応は「輸出減少に伴ってドル資金の調達力が低下し、国内の銀行や企業による対外債務の返済が困難になるとの懸念から、対ドルで11年ぶりの安値に達している」、「ステート・ストリート・グローバル・マーケッツ（香港）の通貨ストラテジスト、ドワイフォー・エバンス氏は『韓国政府はあらゆる手を尽くしている。賢明な対応だが、今後数カ月にわたり外貨の流動性に支障が生じる可能性があるという市場の懸念は和らいでいない』と指摘した」というものだった（「韓国ウォン、対ドルで11年ぶり安値―輸出減で対外債務めぐる懸念」ブルームバーグ、２００９年2月27日）

ところが、オーストラリアへの反応は「オーストラリア・ニュージーランド銀行（ＡＮＺ）の上級市場ストラテジスト、トニー・モリス氏（シドニー）は、東欧経済の問題が『世界の成長サイクルとの密接に関連している開かれた小規模経済を持つ国の先行きを悪化させている』と指摘。『この問題へのオーストラリアの対処法は、利下げや豪ドル安、そして追加の景気刺激策だ』と述べた」というものだった（"Australian, N.Z. Dollars Near 2-Week Lows on Europe Concern," Bloomberg, Feb 18, 2009）。

韓国に対しては、対外債務（外貨建て債務）の懸念があるため、さらなる通貨下落が警戒される一方、オーストラリアには、通貨下落こそ景気回復の対処法の一つだという、対照的な見方が示された。

以上をまとめると、「経常赤字」＋「通貨発行権で対応できない借金」の組み合わせこそが危険であるという結論になる（図表14）。

10.「二重に安全」の日本、将来も安全でいるためには？

日本はこれまで、「経常黒字」が続いており、「通貨発行権で対応できない借金」の問題がない、という二重の意味で安全な状態であった。だから先に述べたように、リーマンショック直後、日本円の価値が、世界中の通貨の中で最も上昇したのである（前掲図表４）。

図表14　リーマンショック前後の主要先進諸国およびユーロ圏諸国における経常収支、債務内外区分、経済の安定度合いの簡易比較表

リーマンショック後の先進国の状況分析

アイスランドは国有銀行の外貨建て債務不履行で政府財政破綻

ユーロ圏諸国は独自の通貨発行権がないため債務はすべて実質外貨建て

	05年～07年経常黒字？	借金が主に通貨発行権で対応可能な債務？	08年～13年安定？
アイスランド／ユーロ圏債務危機国	×（3年連続赤字）	×	××債務危機
フランス等ユーロ圏の経常赤字国（債務危機国除く）	×（3年連続赤字）	×	△（国債金利がユーロ圏経常黒字国と危機国の中間）
ドイツ等ユーロ圏の経常黒字国	○（3年連続黒字）	×	○安定
米国／英国／豪州／NZ	×（3年連続赤字）	○	○安定
日本／スイス／カナダ／スウェーデン／ノルウェー／デンマーク	○（3年連続黒字）	○	◎安定

→日本は「二重に安全」

「経常赤字」＋「通貨発行権で対応できない債務」
⇒危険！

出典：経常収支はIMF WEO Apr. 2014

日本は現状、二重に安全と言える。しかし、未来永劫《えいごう》安泰であるとは、決して言えない。例えば2014年、財務省「国際収支状況」経常収支月次データの12ヵ月累積値が一時的に赤字に陥った。この統計が始まった1996年以降、初のことである（図表15）。もちろん、経常赤字が常態化したとしても、米、英、豪、NZといった国々と同じ状態になるだけであり、日本国家がすぐ滅亡するわけではない。しかし一時的ではあれ、経常赤字に陥った事実は、「二重の安全装置」のうちの一つが崩れる可能性を示唆する。

仮に近い将来、日本が経常赤字国に転落するとして、経済の安定や政府の財政余裕度を維持するために重要なのは、現在の米、英、豪、NZのように、外貨建て借金——厳密には、通貨発行権で対応できないような借金——に頼らずに、経済運営を続けられるかどうかである。

それはすなわち、「金《かね》は……他の国に取られて仕舞《しま》へばなくなるのである。してみれば金《かね》よりは品物が大切である。物資こそ国富の元だから盛んに物資を作らなければならぬ」という高橋是清の言葉に従えば、モノやサービスの生産を維持するための投資——技術投資、インフラ投資、設備投資など——を増やせるかどうかにかかっている。

日本の課題は、少子高齢化により、総人口比での労働人口・就労人口が著しく少なくな

図表15　日本の経常収支（12ヵ月累計額）の推移

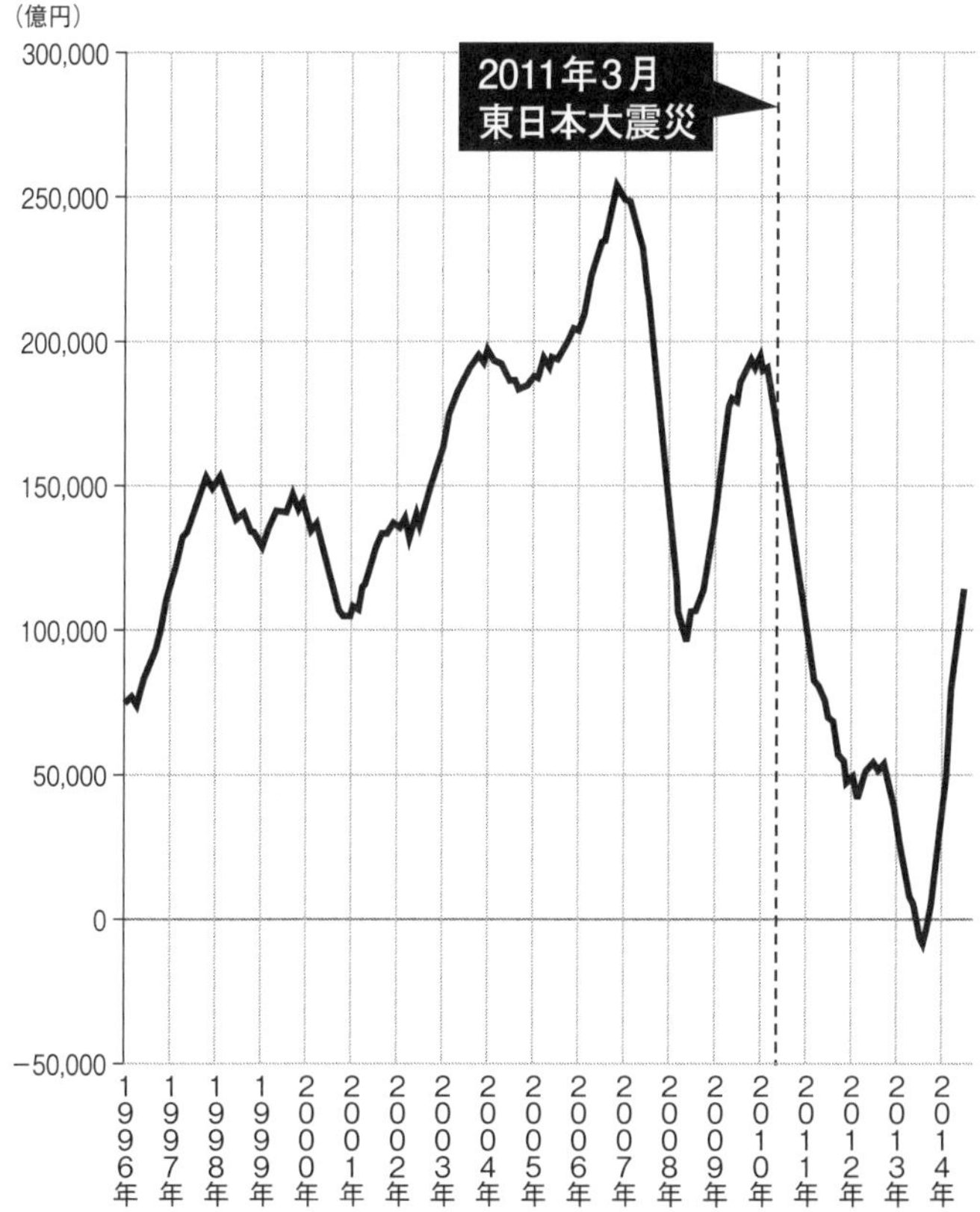

出典：財務省「国際収支状況」月次データから計算

り、労働力不足が確定的となっている点にある。解決策は、労働人口・就労人口1人あたりの生産能力を高める以外にはない。労働力を移民に頼るという考えもあるだろうが、将来、日本社会に定着した移民までもが少子高齢化に陥れば（その可能性は高いと思われる）、労働力不足の解決どころか、高齢になった移民のために、より多くの福祉予算が必要となり、事態をかえって悪化させるだけに終わってしまう。

根本的な解決策は、1人あたりの生産性を高めるための技術投資やインフラ投資、設備投資――「盛んに物資を作る」ための投資――を増やす以外にないだろう。

このような考え方は経済モデルとしても一般的で、例として経済学の教科書に掲載されている「ソロー・ローマー統合モデル」がある（図表16）（『ジョーンズ　マクロ経済学I　長期変動編』チャールズ・ジョーンズ著、宮川努ほか訳、東洋経済新報社、2011）。

このモデルを分かりやすく説明すると、実質GDP（モノ・サービスの生産量）は、技術水準（知識ストック）と、インフラや生産設備の量（資本ストック）と、就労人口の掛け算によって決まる、ということを数式で表したものだ。

言い換えれば、技術を支える人材教育やインフラへの投資をしっかり行っておけば、盛んに物資を作り続けることができ、経常赤字に陥るのを防げるし、もし万が一、経常赤字が常態化しても、外貨建て借金に依存する状態にならずに済む。ところが今日の日本では、その投資が増やせないという深刻な問題が生じている。その大きな原因になっているのが「国の借金問題」なのだ。

図表16　「ソロー・ローマー統合モデル」の生産関数

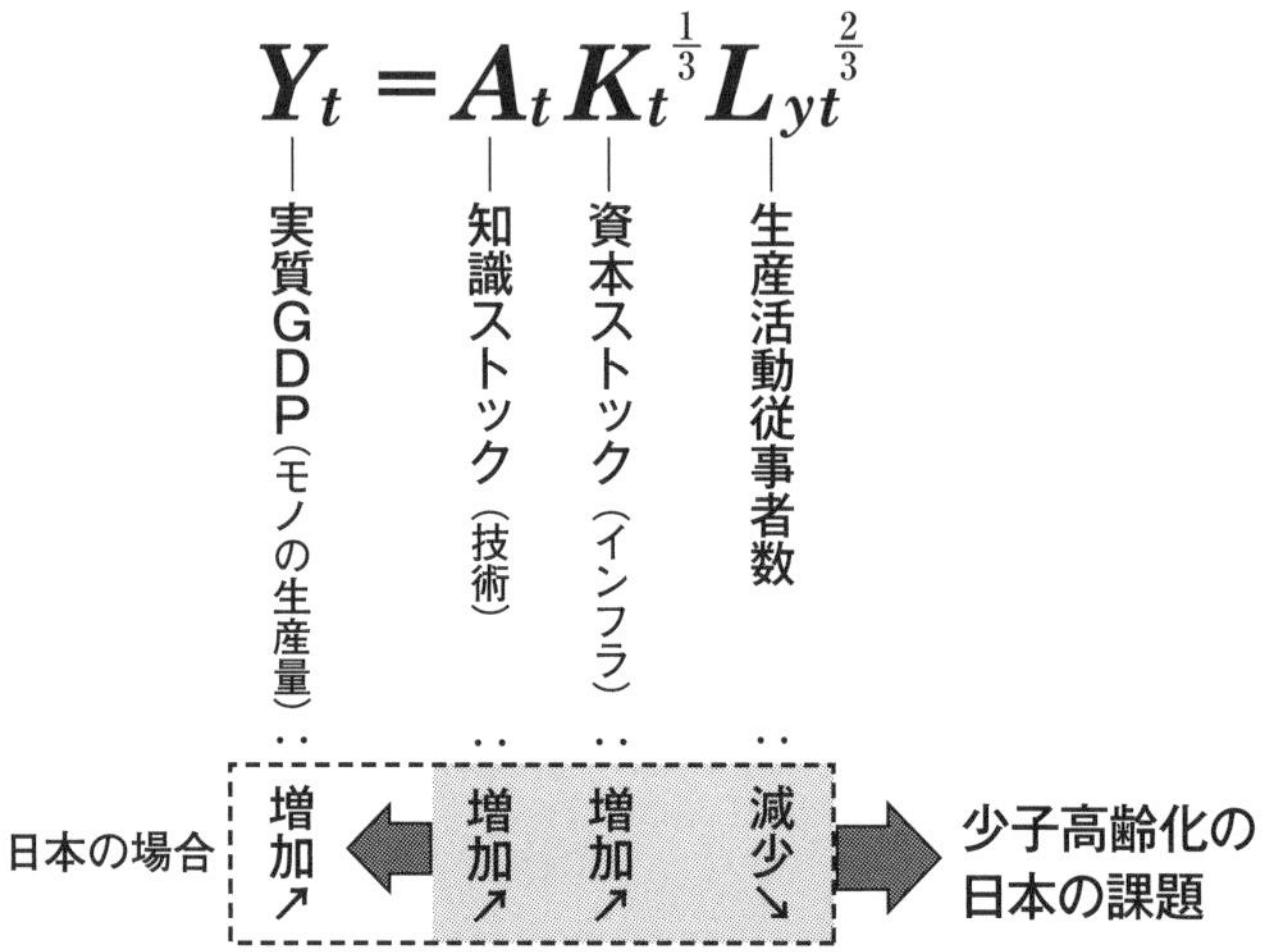

「少子高齢化で労働力減」でも経済（実質GDP）を維持・成長させるには？

→1人あたりの生産性を増やす＝技術・インフラの増加が鍵

第2章

「国の借金」への過剰な恐怖で停滞する日本

1．国の借金問題の本当の弊害

既に数多くの事実を示しながら述べてきたように、「国の借金」の大きさは、国家経済の安定や政府の財政余裕度を測る指標としては、ほとんど意味がない。政府の財政黒字が続き、「国の借金」が実質ゼロどころかマイナス（政府の金融純負債がマイナス）になっていたアイスランドは２００８年、あっさり破綻した。逆に政府の財政赤字が延々と続き、公的債務ＧＤＰ比が先進国で「最悪」だった日本の円は、リーマンショック後の３ヵ月間、世界で最も値上がりした通貨となった。

ところが世間一般では、「国の借金１０００兆円」や「公的債務ＧＤＰ比２４０％」、「毎年40兆円超の財政赤字垂れ流し」などとテレビや新聞で報じられるたび、「日本が危ない」と恐怖するのが常である。筆者の記憶では、２０１２年12月の衆院選の際のテレビ討論会において、各党の幹事長全員が「財政再建が重要」と言っていた。

ムーディーズやＳ＆Ｐのような格付機関もまた、筆者とは違い、政府の財政赤字を忌み嫌っている。例えばムーディーズは２０１４年12月に日本国債の格付けを「Ａａ３」から「Ａ

１」に格下げした際の理由として「財政赤字削減目標の達成可能性に関する不確実性の高まり」を挙げていた（Moody's Investors Service, "Rating Action: Moody's downgrades Japan to A1 from Aa3; outlook stable," Dec 1. 2014）。ただし、**ムーディーズは民間の収支を完全に無視しているわけではない**。「日本のＡ１の格付と安定的という見通しは、厚みのある国内債券市場、高い制度の頑健性、外生的ショックへの脆弱性の低さによって支えられている」としており、その理由の一つとして、「**政府が外部資金に依存しなくとも、民間部門の黒字は依然として財政赤字を十分に賄える水準にある**」ことを挙げている。このことは、特筆に値する。しかし「民間の黒字が（政府の）財政赤字を十分に賄える」とムーディーズが述べていることを、ほとんどの日本国民ならびに国会議員は知らないであろうことも、残念ながら特筆しておかねばならない。

　ここで、読者が最も知りたいであろう疑問について検討したい。90年代以降、日本の政府債務ＧＤＰ比が他国と比べて、「先進国で最悪」なほど大きくなったのに、なぜＧＤＰが伸びなかったのか、である。図表17に、日本の１９８０年度から２０１４年度までのＧＤＰと政府支出（公的需要）、民間企業設備投資のそれぞれの推移（名目値）を示した。

図表 17　日本の GDP、政府支出（公的需要）、民間企業設備投資（名目値）

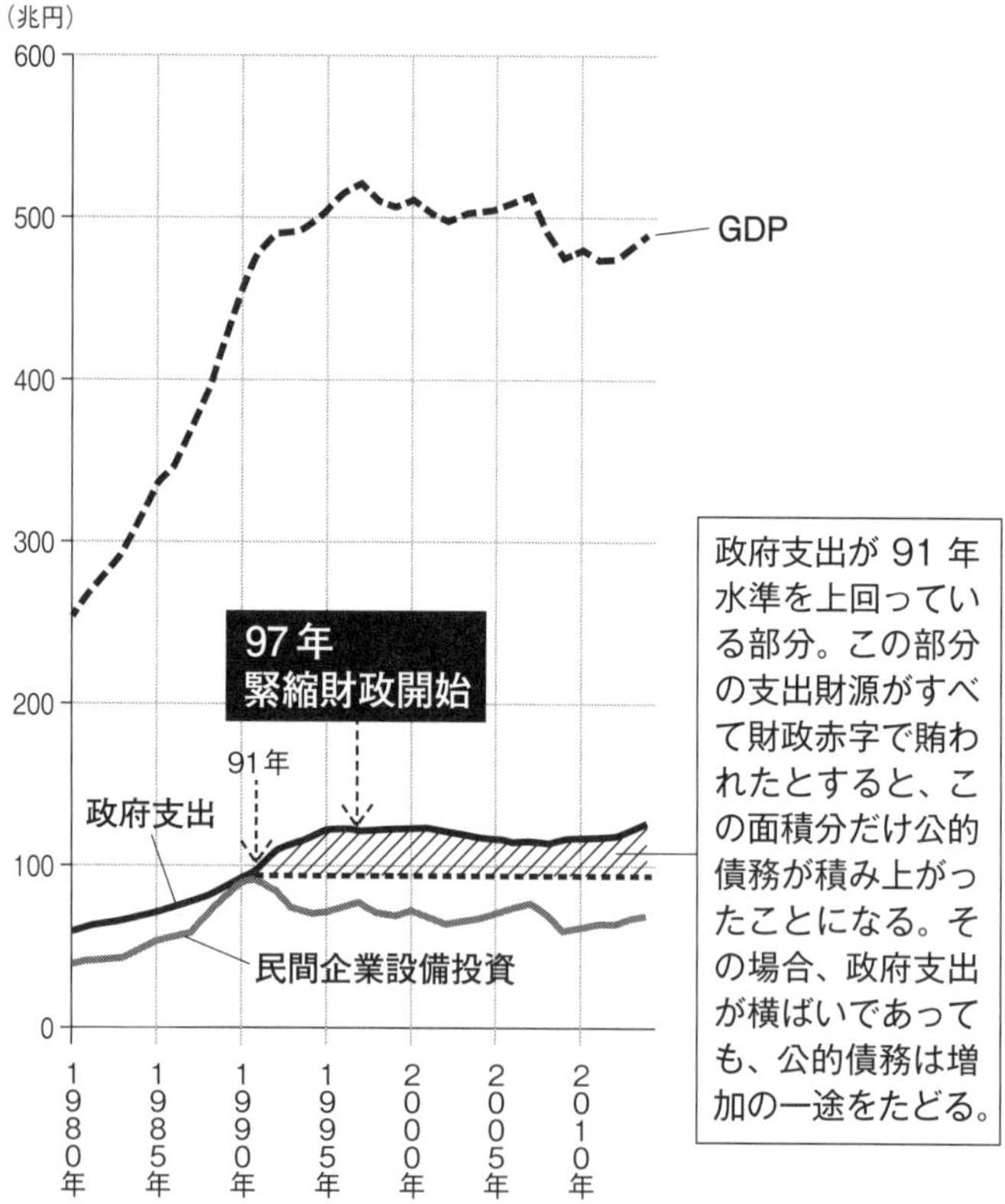

出典：内閣府国民経済計算。1980-1994：平成 17 年基準支出系列簡易遡及／1994-2014：統計表（四半期別 GDP 速報）2015 年 4-6 月期 2 次速報値─名目年度

すぐ分かるように、企業の設備投資は91年以降ずっと低迷している。そこで民間需要の不足を補うために、政府は政府支出（公的需要）を増加させたのである。しかし政府支出も、１９９７年に橋本龍太郎内閣が緊縮財政を始めて以降、横ばいとなっているのがわかる。

なお名目ＧＤＰとは、

名目ＧＤＰ＝民間消費Ｃ＋民間投資Ｉ＋政府支出Ｇ＋純輸出Ｘ……（４）

という足し算で計算できる。

日本のように、純輸出Ｘの額がそれほど大きく変動せず、民間消費Ｃがあまり振るわず、民間投資Ｉが減る時期に直面した場合、名目ＧＤＰを維持もしくは増やすには、残る政府支出Ｇを増やすしか手はない。しかし97年以降、緊縮路線で政府支出Ｇは増えなかった。その結果、図表17が示すとおり、90年代半ば以降、日本の名目ＧＤＰも一向に増えなかったわけだ。91年以降の政府支出について、91年の水準を上回る部分がすべて借金で賄われたとすれば、その総額は、図表17の斜線で示した領域の面積と等しくなる。

実際、92年から２０１４年までの各年度の政府支出のうち、91年度の水準を上回った分の金額を累計すると、４６２・２兆円となる。同じ要領で、民間企業設備投資について、91年度の水準を下回ってしまった金額の92年度から２０１４年度までの同期間の累計は、

488・7兆円である。政府支出を増やした分の累積額は、民間企業設備投資が減少した分の累積を補うのに少し足りない程度しかなかった。この分だけ政府の金融純負債が増え、民間の金融純資産が増えたことになる。そのことは、前掲図表3によく表れている。

よく「90年代、政府の債務を積み増して景気対策を実施したのに、GDPは増えなかった。だから政府が人為的に財政出動で景気対策をしても意味がない」と言う人がいる。しかし、90年代半ば以降、民間支出（消費C＋投資I）が増えない中で、政府支出Gも増えていないのだから、その合計であるGDPが増えないのは当たり前の話である。

はっきり言って、政府は十分に支出を増やしていない。つまり、景気対策などしていないに等しい。「してもいない景気対策」が効果を発揮しないのは当然である。してもいないものを「意味がない」と非難するのは、それこそ意味のない議論と言える。繰り返すが、97年の緊縮財政開始以降、政府支出は増えていない。式（4）の足し算を見れば、それで名目GDPが増えないのは火を見るより明らかである。

公的債務GDP比（政府債務÷名目GDP）の分子である政府債務が増え続ける中、分母である名目GDPは横ばいという状況が続いた。だから政府支出が横ばいでも、公的債務GDP比は増える一方とならざるを得ない。こうして、図表17の斜線で示した領域と一致する金額（462・2兆円）の規模で、政府債務は積み上がり続けてきたわけだ。

なぜ政府支出は横ばいか。国民全般に広く共有されている「国の借金」への過大な恐怖によって、政府支出を大胆に増やすことが政治的に困難であったから、と筆者は考える。そして、その状態が20年近く続いた中で、民間の貯金と政府の借金は増え続け、公的債務GDP比も増え続けることで、さらに国の借金への恐怖感が増幅し、余計に政府支出を増やしにくい悪循環に陥ってしまった。結局、名目GDPも増えなかったわけだ。

2．世界一、政府支出を増やしてこなかった日本

前節の図表17を見ると、バブル崩壊の91年から97年において、日本の政府支出は確かに増えている。しかしながら、世界の中で比較すると、日本の91年から97年にかけての政府の歳出増加のペースは大きいとは言えず、むしろ小さい部類に入ることが分かる（図表18）。「ある期間における政府総支出の増加額／比較開始年の名目GDP」という計算式[※3]で91年から97年の政府総支出の増加率を国際比較してみると、IMFのデータベースにデータがあった87の国々のうち、日本の増加レベルは77位に過ぎない。その数値は世界の中央値の

3分の1程度でしかなく、米、英、独の半分程度であった。

実際、91年から97年の期間中、政府総支出の増加度合いが極めて低かったことと連動して、名目ＧＤＰの平均成長率も世界最低から2番目だったし、実質ＧＤＰの平均成長率も世界各国の中でかなり低い部類（151ヵ国中124位）だった。

同じ期間中の「公的債務増加額／比較開始年のＧＤＰ」で計算した公的債務の増加レベルを見ると、日本の数値は世界の中央値のほぼ倍で、日本の公的債務は世界的にもかなりの勢いで増加したと言える。これは90年代前半以降、民間企業のマインドが萎縮、設備投資が激減し、企業の行動原理が資本主義における本来的な「利益最大化」ではなく「債務最小化」となっていた、特殊要因が原因であろう。実際に、日本政府の金融純負債の増加を上回る民間部門の金融純資産の増加により、同じ期間の対外純資産は増加の一途だったことは、既に見た（図表3）。

さらに、日本の名目ＧＤＰの増加が止まってしまった97年から2013年について、図表18を見ると、政府総支出の増加度合いは131ヵ国中最下位であり、名目ＧＤＰの平均成長率も最下位、実質ＧＤＰ成長率もほぼ最下位に近い。この期間の公的債務の増加のペースは、世界の中央値に近い標準的な数値で、米英より少し小さい程度に留まる。日本

図表18 政府総支出・公的債務の増加度合いと名目・実質成長率の世界全体における日本の位置付け

政府総支出増加額／比較開始年のGDP	1991→1997	1997→2013
世界の中央値	+21. 2%	+89. 6%
日本	+7. 1%	+3. 0%
日本の順位	77位	131位
サンプル国数	87カ国	131カ国
[参考]		
アメリカ	+11. 4%	+38. 9%
イギリス	+12. 5%	+45. 6%
ドイツ	+14. 0%	+15. 7%

公的債務増加額／比較開始年のGDP	1991→1997	1997→2013
世界の中央値	+25. 9%	+105. 6%
日本	+51. 0%	+113. 3%
日本の順位	19位	53位
サンプル国数	58カ国	108カ国
[参考]		
アメリカ	+23. 2%	+121. 7%
イギリス	+37. 1%	+124. 0%
ドイツ	+34. 9%	+52. 0%

名目GDP平均成長率	1991→1997	1997→2013
世界の中央値	+12. 2%	+9. 6%
日本	+1. 6%	−0. 6%
日本の順位	148位	175位
サンプル国数	149カ国	175カ国
[参考]		
アメリカ	+5. 7%	+4. 3%
イギリス	+5. 7%	+4. 2%
ドイツ	+3. 7%	+2. 3%

実質GDP平均成長率	1991→1997	1997→2013
世界の中央値	+3. 6%	+3. 7%
日本	+1. 3%	+0. 6%
日本の順位	124位	170位
サンプル国数	151カ国	174カ国
[参考]		
アメリカ	+3. 6%	+2. 3%
イギリス	+3. 5%	+1. 9%
ドイツ	+1. 2%	+1. 3%

出典：IMF WEO Apr. 2014から計算。ただし、アメリカの政府総支出はOECD.StatExtracts、アメリカの公的債務はFRB(Financial Accounts of the United State)のデータをそれぞれ用いた

の公的債務の増加が、世界の中で突出したレベルであったとは決して言えない。また、繰り返しになるが、その公的債務の増加は、そっくりそのまま民間の貯蓄増加につながっており（前掲図表3）、それが公的債務の新たな資金調達源になっていることも、忘れてはならない。

3．本当の危険は「盛んに物資を作る」ための投資が増えていないこと

日本の将来にとって真に危険なのは、「国の借金の大きさ」ではない。真に危険なのは、国民全体を覆う「国の借金」への根強い恐怖心のために、今後の少子高齢化を乗り切る上で最も重要な、労働者1人あたりの生産性向上を目指す投資を十分に増やせないことだ。日本で緊縮財政路線が本格化した1997年前後における、各国の1人あたり総投資を図表19に示す。なお、「総投資」とは「生産設備やインフラなど、生産能力増強のための、民間と政府の投資支出額の合計」を意味する。

また、この図表19の数値は、モノやサービスの量を基準にして、物価・為替レート変動の影響を取り除く処理がされている。そのため、「日本の2012年の1人あたりの総投

資の量が、91年のノルウェーや97年のベルギーとほぼ同じ」といった比較が可能となる。

この数値を以下、「１人あたりの投資量」と呼ぶこととしよう。図表19を見ると、１９９１年比で２０１２年の１人あたり投資量が減少しているのは、日本以外では、リーマンショック後に政府債務不履行を起こしたアイスランドとユーロ圏の債務危機国、そしてスイスだけである。

ただ、スイスの当該期間の減少率がわずかに６％であるのに対し、日本は26％の減少であり、かつ２０１２年のスイスの投資量は、91年の日本の量とほぼ変わらないレベルである。また、日本の１人あたり投資量のＯＥＣＤ加盟国内での順位は、91年、97年は３位だったが、２０１２年には16位にまで後退し、いまやエストニア（バルト三国の一つ）や韓国より小さくなってしまった。

これこそ、「国の借金」などより、よほど危機的な事態だと言える。

筆者がこの原稿を執筆している２０１５年秋までは、世界的な危機が起きるたび、必ず円高に振れていた。よって、「少なくとも２０１０年代前半までにおける日本の財政余裕度は、世界の中でもかなり高い水準であった」と言える。しかし、90年代後半から続く投資量の減少傾向がこのまま続くようでは、今後、公共インフラや生産設備などの量（資本

図表19　OECD加盟国の1人あたり国内総投資

（2005年固定価格、2005年固定対米ドルPPPレート）

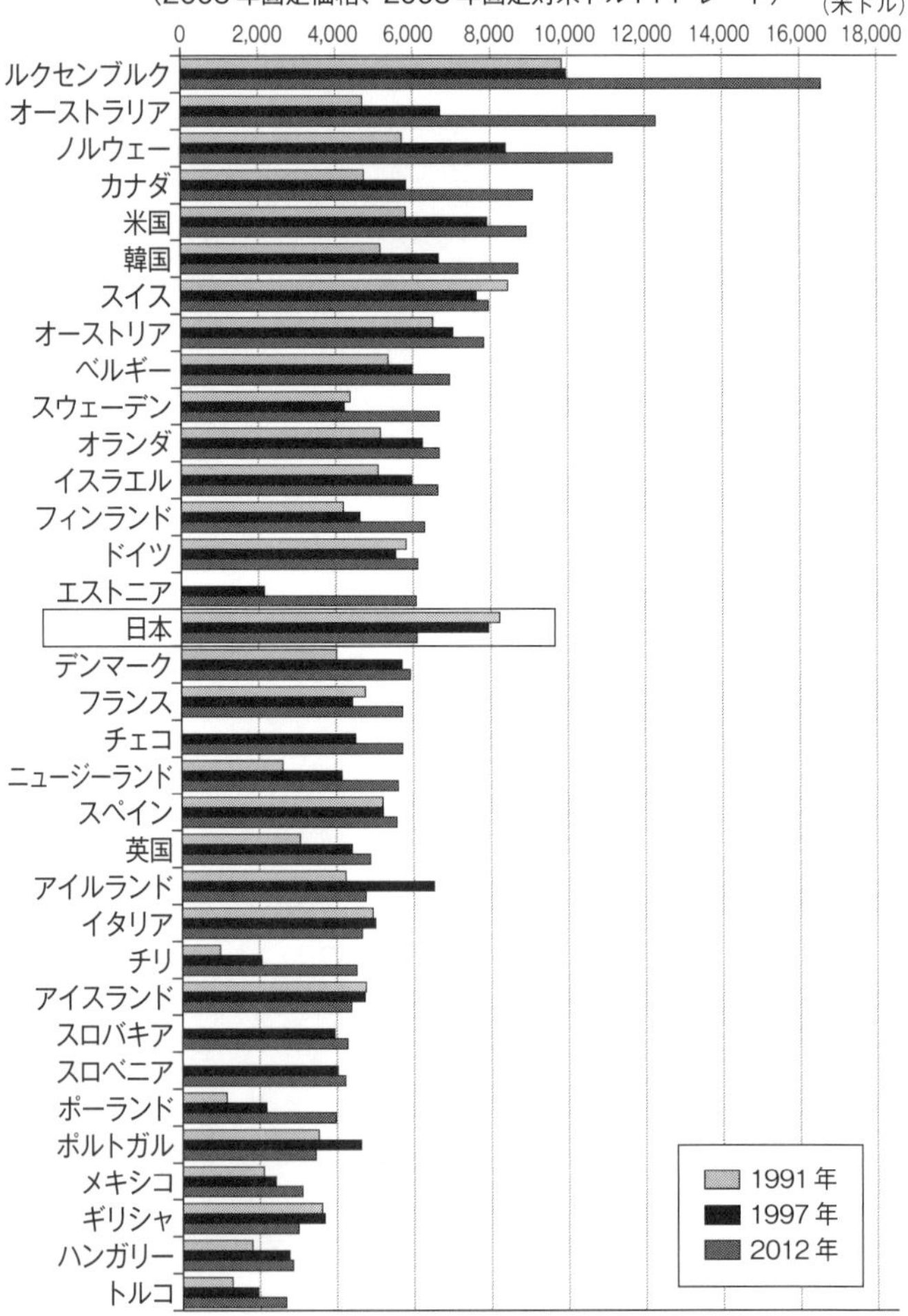

日本の順位　1991年3位　1997年3位　2012年16位

出典：OECD.StatExtracts データをIMF WEO人口データで除して計算

ストック）が経年劣化して減少してゆくのを防ぐことができない。この傾向が変わらない限り、日本の競争力、生産供給能力が減退し、中長期的に政府の財政余裕度が著しく低下することは避けられないだろう。

次に知識ストックへの投資量を示す数字として、ＯＥＣＤ加盟国の「１人あたり研究開発量」を図表20にまとめた。この「量」も「２００５年価格固定、同年固定対米ドルＰＰＰレート」で、モノやサービスの総量を示す数値である。

１人あたり投資量とは逆に、日本の研究開発量は一応、増加している。ただしその順位は１９９１年の3位から、97年には5位、そして２０１２年は7位と、どんどん低下している。ユーロ圏諸国に注目すると、フィンランド、オーストリアは、91年に日本の半分程度だったが、２０１２年には日本と同程度、あるいは追い抜く水準まで急激に伸びて、フランスを抜いた。

フィンランド、オーストリアなど、リーマンショック直前の時期に経常黒字になっていた国々と、フランスのような経常赤字だった国々との違いは、このあたりに原因があるのかも知れない。

図表20　OECD加盟国の1人あたり国内総研究開発費

（2005年固定価格、2005年固定対米ドルPPPレート）

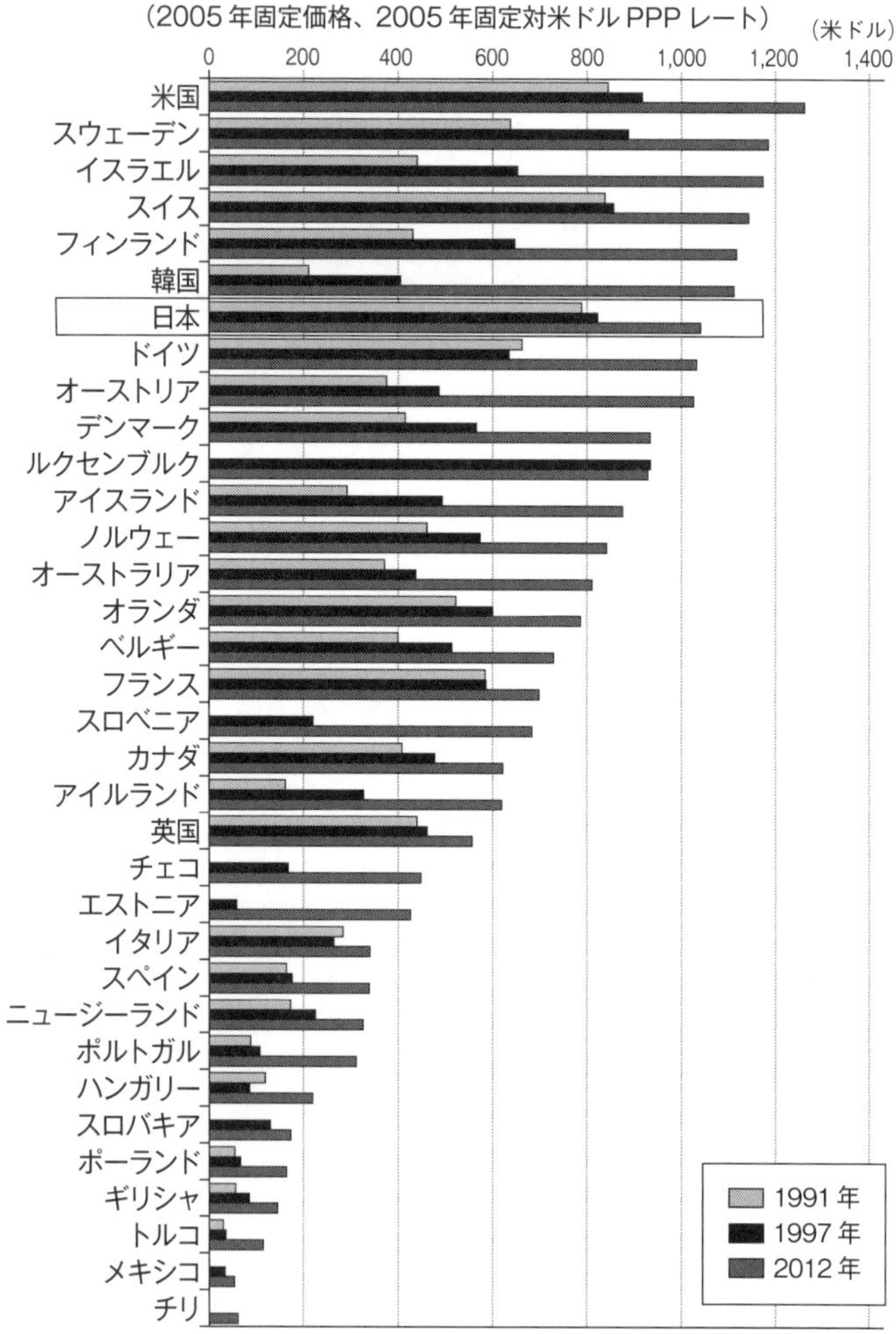

日本の順位　1991年3位　1997年5位　2012年7位

出典：OECD.StatExtractsデータをIMF WEO人口データで除して計算

ところで、経済学者ポール・ローマー（スタンフォード大学教授）は「市場経済の資源配分下では研究開発のインセンティブが過少になる」ことを経済モデルの分析を通じて発見したとされ、経済学の教科書では、「この問題を扱ったほとんどの実証研究が、米国のような先進諸国では研究開発はおそらく過少投資になっているとの結論を得ている」と書かれている（前掲『ジョーンズ　マクロ経済学Ⅰ』）。これが正しければ、研究開発において政府が果たすべき役割は極めて大きいと言えるだろう。

それに関連して、主要国のいくつかを選び、１人あたり研究開発量のうち、政府財源分の推移を見てみよう（図表21）。すると、オーストリアの政府財源分の増加が著しかったことが分かる。同国の１９９１年から２０１２年までの研究開発量の増加のうち、政府財源分の増加が４割弱を占めているし、２０１２年の研究開発量の４割が政府財源分である（図表20および図表21のデータから計算）。これがオーストリアの競争力強化をもたらした、大きな原因である可能性が高い。

ドイツのように、「連邦及び州の予算は、原則として公債収入なしに均衡させなければならない」と、政府の財政均衡が基本法（憲法）第１０９条で厳しく規定されている国でさえ、研究開発量を増やすために、政府財源からの支出を増やしているのだ。

図表21　日、米、独、仏、韓、ギリシャ、オーストリア、フィンランドの1人あたり国内総研究開発費のうち、政府財源分の推移

（2005年固定価格、2005年固定対米ドルPPPレート）

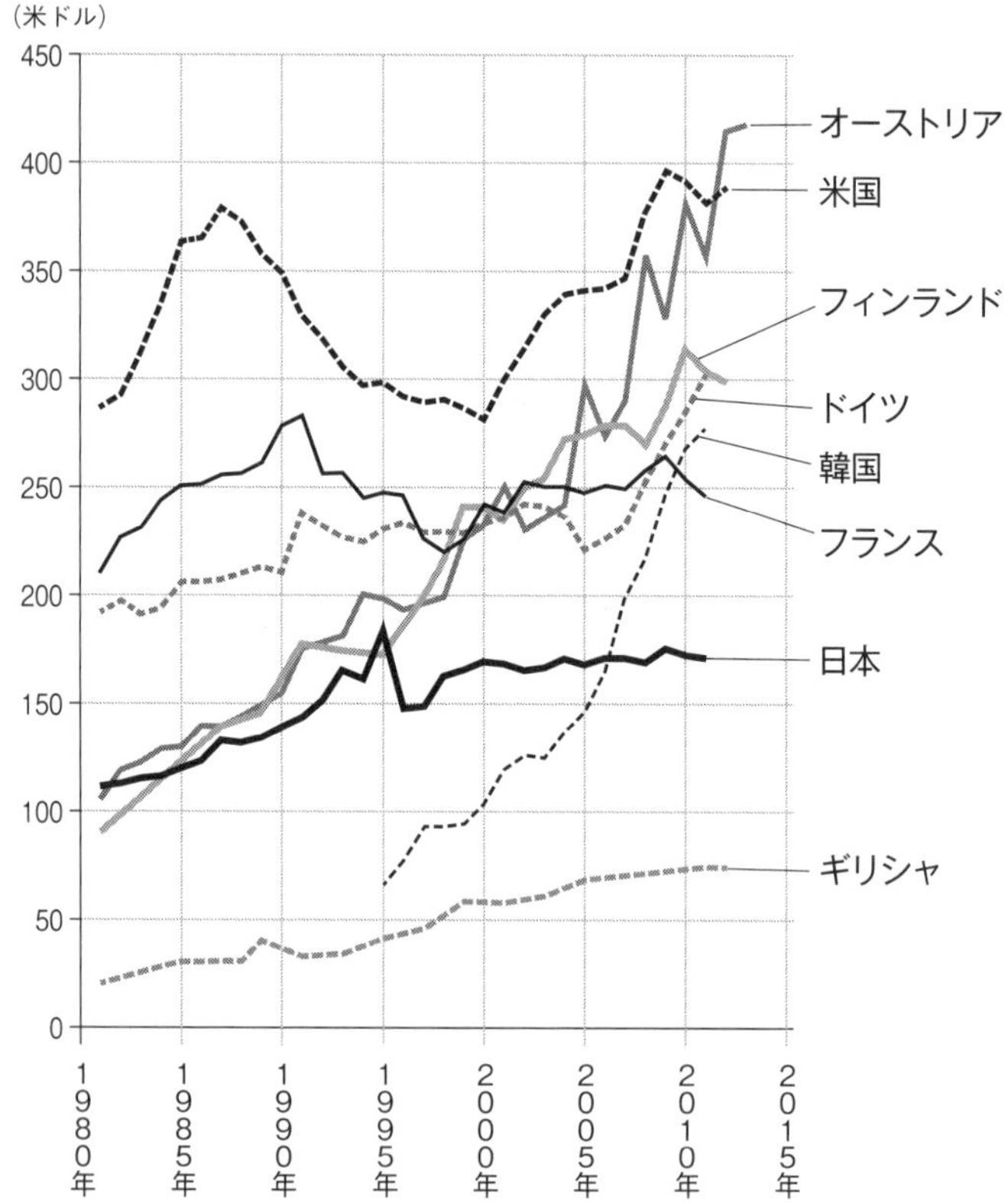

出典：OECD.StatExtracts データをIMF WEO人口データで除して計算

「市場経済の資源配分下では研究開発のインセンティブが過少」になることを、ドイツはよく分かっているのだろう。

対照的に、日本の「１人あたり研究開発量のうち政府財源分」は１９９５年を頂点として、横ばいもしくは微減となっている。我々はローマーを始めとする研究者らの意見――民間任せでは研究開発が過少投資になりがちという分析――が正しくないことを祈るべきだろうか？　それとも、日本政府が研究開発支出を増やすことを願うべきであろうか？

恐らくは、「日本政府が研究開発支出を増やすことを願うべき」、が正解だ。

リーマンショック前後のユーロ圏諸国の経常黒字国・赤字国における「投資量」と「研究開発量」を比較すると、特に「研究開発量」の重要性が浮かび上がる。図表22に、リーマンショック前後の各国の１人あたり総投資ランキング（２００５年価格固定、同年固定対米ドルPPPレート）を示した。ユーロ圏で05年から07年の経常収支が連続で赤字だった国（以下、「赤字国」と呼ぶ）と連続で黒字だった国（以下、「黒字国」と呼ぶ）を比較してみよう。

リーマンショック前の07年において、黒字国の「１人あたり投資量」順位は、赤字国と比べて必ずしも高くなかった。黒字国のうち、ショック後においても随一の安定が続いているドイツは、ユーロ圏においてむしろ下位であった。対照的に、アイルランドやスペイン、

図表22 リーマンショック前後：OECD加盟国の1人あたり総投資ランキング

（2005年価格固定、2005年固定対米ドルPPPレート）

	2007年 1人あたり総投資ランキング（単位：米ドル）		05~07年 ユーロ圏 経常黒字＋ 経常赤字−		2012年 1人あたり総投資ランキング（単位：米ドル）		05~07年 ユーロ圏 経常黒字＋ 経常赤字−	07年比（%）
1	ルクセンブルク	16,786	＋	1	ルクセンブルク	16,597	＋	−1.1
2	ノルウェー	12,305		2	オーストラリア	12,313		+10.1
3	オーストラリア	11,186		3	ノルウェー	11,165		−9.3
4	**アイルランド**	10,837	−	4	カナダ	9,075		+3.5
5	アイスランド	10,544		5	米国	8,953		−11.2
6	米国	10,077		6	韓国	8,726		+3.0
7	カナダ	8,771		7	スイス	7,982		−4.3
8	**スペイン**	8,735	−	8	オーストリア	7,846	＋	−4.4
9	スロベニア	8,515	−	9	ベルギー	6,972	＋	−11.2
10	韓国	8,469		10	スウェーデン	6,740		−5.0
11	スイス	8,337		11	オランダ	6,702	＋	−12.5
12	オーストリア	8,207	＋	12	イスラエル	6,691		+19.8
13	ベルギー	7,853	＋	13	フィンランド	6,339	＋	−14.3
14	デンマーク	7,844		14	**ドイツ**	6,151	＋	−3.8
15	エストニア	7,824		15	エストニア	6,119		−21.8
16	オランダ	7,660	＋	16	日本	6,112		−12.8
17	フィンランド	7,399	＋	17	デンマーク	5,933		−24.4
18	チェコ	7,160		18	フランス	5,760	−	−14.4
19	**ギリシャ**	7,102	−	19	チェコ	5,738		−19.9
20	スウェーデン	7,096		20	ニュージーランド	5,653		−10.9
21	日本	7,013		21	**スペイン**	5,574	−	−36.2
22	フランス	6,725	−	22	英国	4,889		−24.7
23	英国	6,488		23	**アイルランド**	4,785	−	−55.8
24	イタリア	6,488	−	24	イタリア	4,673	−	−27.5
25	**ドイツ**	6,394	＋	25	チリ	4,513		+42.2
26	ニュージーランド	6,345		26	アイスランド	4,411		−58.2
27	イスラエル	5,584		27	スロバキア	4,289	−	−21.0
28	スロバキア	5,431	−	28	スロベニア	4,261	−	−50.0
29	**ポルトガル**	5,076	−	29	ポーランド	4,069		+6.0
30	ハンガリー	4,098		30	**ポルトガル**	3,431	−	−32.4
31	ポーランド	3,837		31	メキシコ	3,116		−0.2
32	チリ	3,175		32	**ギリシャ**	3,014	−	−57.6
33	メキシコ	3,122		33	ハンガリー	2,892		−29.4
34	トルコ	2,666		34	トルコ	2,695		+1.1

出典：OECD.StatExtracts データをIMF WEO人口データで除して計算

ユーロ圏においてギリシャ、アイルランド、スペインなどの債務危機になった経常赤字国は、「1人あたり投資量」が経常黒字国のドイツより大きかった。しかし、ギリシャなどは危機に陥り、ドイツは安定を保った

ギリシャなど赤字国は、ドイツより上位であった。そしてショック後は、財政不安となったこれら赤字国の「投資量」順位が落ち、財政安定が続いた黒字国の順位が上がり、ちょうど上位に黒字国、下位に赤字国が並ぶようになった。

アイルランドやスペイン、ギリシャが危機前に行っていた大きな「投資」は、いずれ長期的には成長に寄与するかも知れない。しかし、上記のようにその大きな「投資」は、少なくとも短期的には経済や財政の安定に結びつかず、また、短期的には経常赤字の黒字化にもつながらなかった（これにはもちろん、総投資に含まれる家計部門による過剰な住宅投資などが国際競争力にそれほど寄与しない、ということも関係があるだろう）。

他方、図表23「1人あたり研究開発量」の、ユーロ圏諸国のランキングを見ると、リーマンショック前の07年における「1人あたり研究開発量」は、概ね赤字国が下位、黒字国が上位に並んでいることが分かる。よって、ユーロ圏内におけるリーマンショック直前の経常収支の黒字と赤字を決定づけた、つまり、ショック後の安定・不安定を分けたのは、「1人あたり投資量」ではなく、「1人あたり研究開発量」である可能性が高い。

この2つの「量」はそれぞれ2005年の米ドルの購買力平価（PPP）で算定されているので、互いの「量」を直接比較することも可能だ。「1人あたり投資量」は上位国で概ね1人あたり1万ドル前後、「1人あたり研究開発量」は上位国で概ね1人あたり1000ドル前後である。以上のことから、「投資量よりも一桁小さい研究開発量のほうが経常収支を左右している」という仮説を立てることができる。

この仮説に従えば、「政府や民間の予算制限によって投資量を増やすことが困難な場合でも、研究開発量を何とか維持・増加できれば、将来における国家経済の不安定化リスクを減らせる」、となる。研究開発量の重要性は極めて高いと言ってよいだろう。

危機に直面したユーロ圏諸国でも、研究開発量は（投資量と違って）、2012年は07年比で概ね増加傾向となっており、また東・中欧のスロベニア、エストニア、スロバキア、ポーランドといった諸国で、倍増またはそれに近い増加となっていることは、注目に値する。

これらを踏まえると、日本については、長期的な政府の財政余裕度の維持という観点から見て、非常に危惧すべき現状だと言わざるを得ない。では、競争力維持のためにはどれくらいの金額で「投資」や「研究開発」を増やすべきなのか、検討しておこう。

1人あたりの研究開発量を、OECD首位のアメリカ並みに増やすことは、1人あたりの投資量を同首位のルクセンブルク並みに増やすよりも、かなり実現可能性が高い。例え

図表23　リーマンショック前後：OECD加盟国の1人あたり国内総研究開発費ランキング

（2005年価格固定、2005年固定対米ドルPPPレート）

2007年 1人あたりR&D支出ランキング（単位：米ドル）			05~07年 ユーロ圏 経常黒字＋ 経常赤字－	2012年 1人あたりR&D支出ランキング（単位：米ドル）			05~07年 ユーロ圏 経常黒字＋ 経常赤字－	07年比（%）
1	イスラエル	1,246		1	米国	1,265		+6.2
2	米国	1,191		2	スウェーデン	1,185		−0.4
3	スウェーデン	1,190		3	イスラエル	1,175		−5.7
4	ルクセンブルク	1,165	＋	4	スイス	1,144		+0.0
5	フィンランド	1,160	＋	5	フィンランド	1,119	＋	−3.6
6	スイス	1,144		6	韓国	1,113		+39.0
7	日本	1,093		7	日本	1,042		−4.7
8	アイスランド	1,001		8	ドイツ	1,034	＋	+22.2
9	オーストリア	898	＋	9	オーストリア	1,026	＋	+14.3
10	デンマーク	895		10	デンマーク	965		+7.9
11	ドイツ	846	＋	11	ルクセンブルク	946	＋	−18.8
12	オーストラリア	824		12	アイスランド	876		−12.5
13	ノルウェー	811		13	ノルウェー	842		+3.8
14	韓国	801		14	オーストラリア	813		−1.4
15	カナダ	711		15	オランダ	787	＋	+15.7
16	オランダ	680	＋	16	ベルギー	733	＋	+15.0
17	フランス	657	－	17	フランス	699	－	+6.4
18	ベルギー	637	＋	18	スロベニア	685	－	+79.0
19	英国	612		19	カナダ	624		−12.2
20	アイルランド	523	－	20	アイルランド	623	－	+19.0
21	スロベニア	383	－	21	英国	559		-8.7
22	スペイン	359	－	22	チェコ	448		+36.7
23	イタリア	347	－	23	エストニア	427		+101.4
24	チェコ	328		24	イタリア	342	－	−1.6
25	ニュージーランド	307		25	スペイン	339	－	−5.3
26	ポルトガル	257	－	26	ニュージーランド	326		+6.0
27	エストニア	212		27	ポルトガル	312	－	+21.4
28	ハンガリー	174		28	ハンガリー	221		+26.9
29	ギリシャ	159	－	29	スロバキア	175	－	+96.5
30	トルコ	90		30	ポーランド	165		+85.6
31	スロバキア	89	－	31	ギリシャ	146	－	−8.1
32	ポーランド	89		32	トルコ	116		+28.5
33	メキシコ	48		33	チリ	61		+41.1
34	チリ	43		34	メキシコ	54		+13.6

出典：OECD.StatExtracts データを IMF WEO 人口データで除して計算

ユーロ圏においてリーマンショック直前期、「1人あたり研究開発量」が大きい国は経常黒字、小さい国は経常赤字となっていた。経常収支の改善や財政余裕度を高めるには研究開発や教育が重要と言えそうだ。

ば2012年の日本の人口を1・28億人、「2005年PPPレートの1ドル＝2012年現在の100円」とすれば、日本の1人あたり研究開発量を同年のOECD首位にするために必要な金額は、2・9兆円であり、1人あたり投資量を同年首位にするために必要な134・2兆円に比べれば、はるかに小さい（それぞれ図表22、図表23のデータから計算）。

中長期的な財政余裕度や国際競争力の維持・強化のためには、1人あたりの研究開発量と投資量の双方を増加させることが望ましい。しかし、その二兎を追うことが政治的にかなり困難であるならば、1人あたり投資量については減少をくい止める程度にしておき、投資量よりはかなり少ない負担で国際競争力の維持・強化につながる可能性のある、1人あたり研究開発量の増加に重点を置く、という選択肢も一考に値する。

4．破綻とその後の回復

2015年秋現在における、日本の財政状態を、簡単にまとめる。

- 他国に比べれば、現状は極めて安定的である
- しかし、将来は少子高齢化で労働力不足となるため、国内で必要なモノやサービスに

ついて、国内生産では到底まかなえなくなるリスクがある
・ゆえに、労働者1人あたりの生産性を徹底的に高める必要がある
・しかしながら、「国の借金」に対する頑強な恐怖心から、世界最低水準のレベルでしか政府の支出を増やせないため、生産性を高める技術開発やインフラ・設備投資が不足している
・よって、将来は外国から物資を大量に買う羽目となり、最悪の場合、外国からの外貨建て借金（通貨発行権で対応できない借金）が積み重なって、常に財政が不安定な発展途上国のような状態に陥るリスクがある

つまり日本が将来、発展途上国のような財政破綻常習国となる可能性は否定できない。ただし、それは「国の借金」論者の想定する「カネが足りなくなって破綻」ではなく、「モノが足りなくなった結果、カネが足りなくなって破綻」だということを、忘れてはならない。カネがなくとも、モノ（衣食住）が足りていれば国民生活は破綻しない。カネがあってもモノが不足すれば国民生活は破綻する。ここを絶対に間違ってはいけない。

現代人はマクロ経済――膨大な数の人々を単位として経済活動を連結決算し検討する概念――を考えるとき、あまりにもカネだけに縛られてしまう。カネで経済を考えると、「国

の借金1000兆円」などの恐ろしげな新聞の見出しに恐怖して、思考停止に陥る。しかしモノで経済を考えると、「国の借金」を減らすより、むしろ借金してでも「盛んに物資を作るための投資」を続ければモノは充足し続ける、その結果としてカネも足りるようになる、という前向きな考えが浮かぶはずだ。

経済を考える上で最も重要なことは、「豊かさや生活とは、カネの充足ではなくモノの充足である」という視点を持つことだ。繰り返すが、カネはモノと交換できることが保証されて、初めて価値を持つ。モノと交換できないカネはただの紙屑、金属屑、コンピューター・サーバー上の屑データでしかない。

そしてもう一つ、経済を考える上で重要なことがある。「破綻はこの世の終わりではない」という、当たり前の事実を認識することである。

第三次ポエニ戦争でローマに負けたカルタゴは、首都を丸ごと塩漬けにされ、最後まで抵抗した市民らはほぼ全員、死ぬか奴隷にされた。モンゴルのジンギスカンに攻め立てられたいくつかの中央アジアの都市では、住民が皆殺しにされた。

一方、近代以降において、政府が「財政破綻」した国家の国民はどうなったか？

多くの国民がそれまでと比べて、一時的に困窮することになるだろう。しかし、全員死ぬか奴隷にされる、などという「この世の終わり」になったことはない。これに関して、先に触れたラインハートとロゴフは、800年に及ぶ政府の債務不履行について調査した前掲書において、以下のように述べている。

国家としての初期段階では、あのフランスでさえ、すくなくとも八回は対外債務のデフォルトを起こしている（略）。スペインは一八世紀までは六回で済んでいたが、一九世紀に入ってから八回を記録して、フランスを抜いた。このように今日のヨーロッパの大国が新興段階からのし上がる過程では、今日の多くの新興市場と同じく、対外債務のデフォルトを繰り返し起こしている。（略）対外債務危機は、新興市場経済が先進的な経済へ成熟する過程で避けて通ることのできない通過儀礼のようなものである。これを免れた国はほとんどないことを、ここで強調しておきたい。

さらに、近年の「（国家）破綻と回復」の実際の例について述べておこう。なお、「破綻」とは政府の債務不履行（約束の期日までに借金の全部または一部を返せないこと）や銀行の預金封鎖を指すことと定義しておく。筆者は前著で、ラインハートらが挙げている国内債務および対外債務の破綻事例のうち1990年から2002年までの33件に関し、破綻前後の実質GDPの推移について調査した（『日本経済のミステリーは心理学で解ける』、徳間書店、2014）。

その結果、31件については破綻前の実質GDPを破綻後に超えたことを確認し、破綻前の水準を超えられていない2件（98年のウクライナ、2000年のジンバブエ）についても、実質GDPの下落は底を打ち、それなりの回復傾向が見受けられることを確認した――つまり、ウクライナやジンバブエも債務不履行を起こして経済に深刻な打撃を受けたとはいえ、国家が消滅したわけではなく、債務がゼロになったわけでもなく、また、政府の会計が消滅して閉じられることもなく、いまなお存続している。

さらに、最近起きた「先進国」の「破綻と回復」の事例を見ておこう。正確には、「破綻と回復」の典型的事例となったアイスランドと、回復するまでは至っていないが、「破綻」しても存続しているギリシャの事例である。

アイスランドもギリシャも、08年のリーマンショックをきっかけに政府が債務不履行を起こし、危機となった。しかし、その後たどった過程はかなり違っている（図表24）。

アイスランドは、危機とともに自国通貨が急落した。そのため輸出競争力が高まり、経常収支の改善と実質GDPの改善が同時進行し、後者は危機後6年で危機以前の水準に回復した。

しかしギリシャは、ユーロという共通通貨の枠組みに留まったため、為替レートがむしろ上昇し、輸出競争力が高まることはなかった。より正確に言えば、ギリシャでは物価が下落したことによる若干の競争力の改善はあった。しかし一般的に、物価下落による競争力の向上は、為替レート下落の場合より、かなり緩慢なペースになる。為替レートの下落や物価下落で輸出競争力が高まるのは、要は人件費の水準が他国より低くなるためだ。

ギリシャの経常収支は結局、改善したものの、その理由は、危機下で政府も民間もこれ以上借金できず、無理やり支出を切り詰めたからだった。官民ともに無理やり支出を減らせば、支出の足し算で計算されるGDPも、当然ながら縮小する。アイスランドと違い、ギリシャの実質GDPの落ち込みは最大で27%にも達した。さらに危機から7年たった現在でも、回復のめどは立っていない。最大27%の実質GDPの落ち込みということは、1929年大恐慌当時のアメリカと同じレベルの落ち込み度合いである。だが、当時のアメリカは現代のギリシャとは違って、たった7年で危機以前の水準を回復した。※4 今般のギリシャの経済危機は、それほど厳しいものなのである。

図表 24　実効為替レート、実質 GDP、経常収支 GDP 比

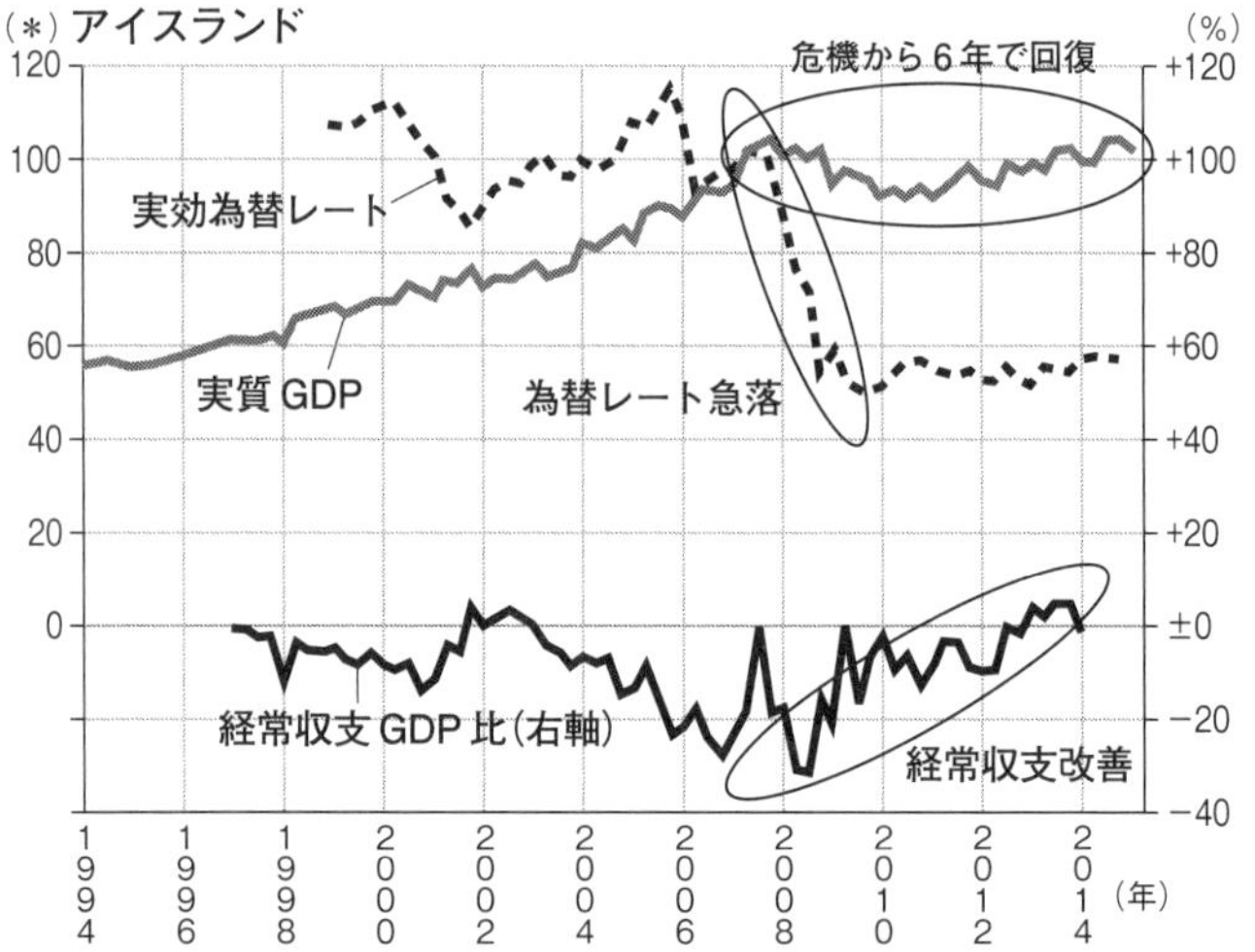

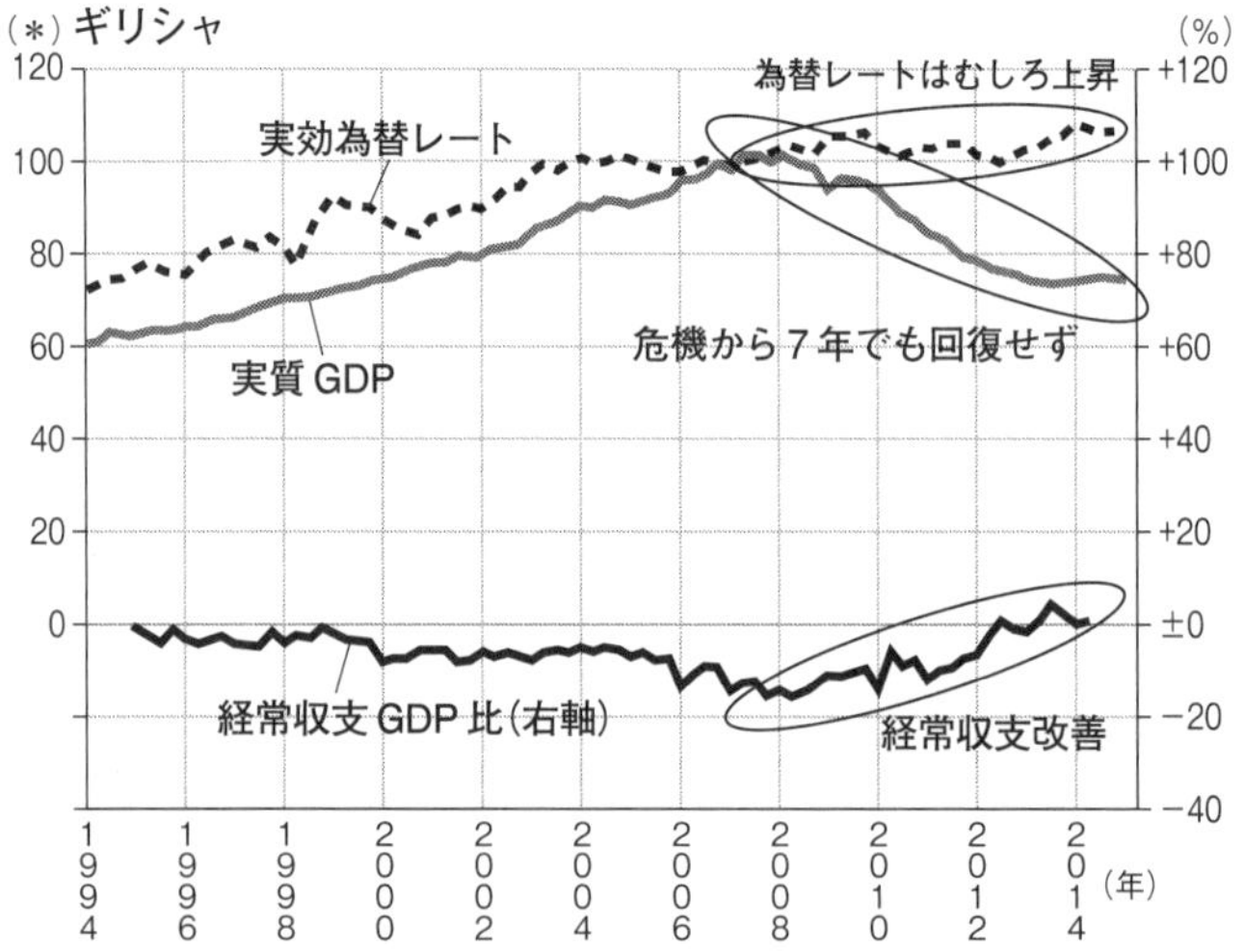

出典：ギリシャ実効為替レート — Eurostat、それ以外 — OECD.StatExtracts
※実効為替レートと実質 GDP は、2008 年を 100 として指数化（左軸）

ほぼ同時期に発生した、しかも「通貨発行権で対応できない借金による破綻」という同じ原因で起きたアイスランドとギリシャの危機について、以上のように比較してみると、独自の通貨発行権を持つ重要性がよく分かる。

5．日本：敗戦直後「ハイパーインフレ」の実相

次に、日本人にとっての「破綻と回復」の最も鮮烈な事例として、第二次世界大戦直後のわが国について考えてみよう。日本は戦時中の1942年に対外債務不履行を起こしている。また、終戦の翌年1946年に預金封鎖という形で「破綻」している。

1942年の債務不履行については、財務省の資料に「大戦勃発後、海外送金の途《みち》が閉ざされたため、在外債券に対する元利払いは一時中断の止むなきに至った」とある（財務総合政策研究所『財政金融統計月報』270号　1974年10月「政府関係外債について」）。返す意思はあったけれども、やむを得ない事情があって返せなかったというわけだ。しかし、「借金を期日までに返さない」という意味では、確かに債務不履行であり、「破綻」だったと言える。

1946年2月17日に実施された預金封鎖は、財産税徴収の一環として行われた。預金を引き出せないようにした上で、預金という財産に課税したのである。この財産税の目的は、「①財政破たんの防止、と②富の公平な再分配を主たるねらいとし、あわせて③インフレーションの抑制をはかろうとした」ことである（『日本銀行百年史』日本銀行百年史編纂委員会編、1982〜86）。

さらに言えば、これはGHQ（連合国軍総司令部）の意向に沿うものだった。GHQから当時の日本帝国政府宛てに出された「戦時利得の除去及び国家財政の再編成に関する覚《おぼえ》書《がき》」の言葉を借りれば、「政府は全日本人に対し戦争は経済的に見て利益あるものに非《あら》ざることを周知せしむる為《ため》」に、一定額以上の財産を持つ個人から懲罰的に徴税すべき、とある。この覚書には、「皇室財産も本計画の適用を免《まぬか》るることなし」という極めて厳しい内容も含まれていた（国会図書館ホームページ電子展示会「史料にみる日本の近代」第5章c5－8）。

日本銀行は、財産税（戦時利得税）の税収で日銀保有の国債を償還することにより、日銀のマネタリーベース（現金＋当座預金）を減らし、③のインフレの抑制に重点を置こうとした。しかし、大蔵省は①の「破綻に直面せる財政を再建する為……巨額の歳入を確保すること」と、②の「戦争に因《よ》り財産関係に生じたる不均衡を是正」することに重点を置いたため、結局、日銀案は実施されなかった（前掲『日本銀行百年史』）。インフレの本格的収束は預金封鎖から４年後の１９５０年まで待たなければならなかったのである（図表25）。

もっとも、大蔵省の「破綻に直面せる財政を再建する為……巨額の歳入を確保すること」という狙いは成功したとは言えない。なぜなら、この１９４６年の預金封鎖と財産税によって政府の債務残高は減らず、その後も勢いよく増え続けたからだ（図表26上段）。さらに言えば、預金封鎖と財産税の実施後においてすら、本来は禁止されていたはずの日銀による国債の直接引受けによって政府の財政が補填《ほてん》されていた。預金封鎖・財産税による「巨額の歳入確保」など、まったくできていなかったのが実状である。

１９４５年11月24日付けＧＨＱ覚書「政府借入及び政府支出の削減に関する件」の趣旨を反映し、かつ、戦中戦後の財政に起因するインフレが「基本メカニズムとなったことに対する厳しい反省」を具体化するために、47年に制定されたのが財政法の第５条である。これにより、「日銀による国債引受けおよび日本銀行からの借入れを原則として禁止」した。ところがＧＨＱは短期国債（政府短期証券）の日銀直接引受け禁止を例外とし、また財政法の第７条で日銀から政府への一次借入金を認めていたことから、短期国債の日銀直接引受けは可能とされた。『日本銀行百年史』には「この方式によって……財政赤字の補填が行われ、また特別会計による借入れも増大した結果（さらに政府全額出資の復興金融金庫が発行する債券も、形式上は国債ではないとの理由で、大半を本行が引き受けたことも加わって）、財政インフレーションは昭和24年度（１９４９年度）に超均衡予算が編成されるまで収束されなかった」とある。「復興金融金庫が発行する債券」の１９４９年3月までの約2年間の発行額のうち73％が日銀引受けであり、それは同期間中の日本銀行券増発高の約38％に達したのである。

つまり、１９４６年に預金封鎖・財産税を実施した後も、財政再建などできていなかったのだ。日本銀行が盛大に輪転機を回さなければ、政府の資金繰りがつかない状態が続いていたのである。

しかしながら、図表25で示した、とてつもないインフレにより、名目の国民総所得もまた、とてつもない急速なペースで増加した。それによって、国民総所得比（「国民総所得＝国内総生産ＧＤＰ＋海外からの純所得」の関係）で見た債務残高は、急速に小さくなった（図表26中段）。この点において財政再建は「成功した」と言える。その必要性が本当にあったかどうかは別にして、という注釈付きではあるが。

なお、当時の大蔵大臣は驚くべきことに、事前に新円切り替えと預金封鎖、財産税徴収を公言していた（詳しくは次節）。意図的にハイパーインフレに誘導し、それによって公的

図表25　終戦前後のインフレ率(東京小売物価指数)

1943年	1944	1945	1946	1947	1948	1949	1950	1951	1952
+6.1%	+12.0%	+47.0%	+513.8%	+169.4%	+193.4%	+62.7%	-2.2%	+30.0%	-2.9%

出典：東洋経済新報社「昭和国勢総覧　下巻」のデータから計算

図表26　終戦前後の中央政府債務残高(金額と国民総所得比)

	1943	1944	1945	1946	1947	1948	1949	1950	1951	1952
政府債務残高(億円)	851	1,520	1,995	2,653	3,606	5,244	6,373	5,540	6,455	8,267
国民総所得比	133%	204%	-	56%	28%	20%	19%	14%	12%	13%
参考:政府債務のうち外債残高の国民総所得比	1.4%	1.2%	-	0.2%	0.1%	0.0%	* 3.0%	2.6%	1.9%	1.6%

出典：総務省統計局「日本の長期統計系列　第５章　財政」、東洋経済新報社「長期経済統計１」のデータから計算
※1949年の外債残高の国民総所得比が跳ね上がっているのは、外債残高の円貨換算に用いる評価レートの変更があったためである。

債務GDP比（公的債務の国民総所得比とほぼ同じ）を小さくして「国の借金」の見た目を小さくし、その後の財政運営の円滑化を図った可能性もある。実際に「公的債務GDP比を小さくしたい」という意図があったかどうかは別にしても、ハイパーインフレに誘導して公的債務GDP比を小さくできたのは、外債の残高が極めて少なかったからだ（図表26下段）。

先に述べたとおり、インフレで解決できる債務は、国内債務であれ対外債務であれ、通貨発行権で対応できる自国通貨建て債務に限られる。強烈なインフレは通貨価値の下落と同義であり、それは通貨の為替レート下落を伴うため、外貨建て債務は自国通貨換算で猛烈な勢いで増加してしまう。だから、強烈なインフレを起こしても外貨建て債務は容易に減らない。敗戦当時、外貨建て債務が経済規模に比べて極めて小さかったことは、復興途上の日本にとって、本当に不幸中の幸いであった。

さて、以上から、預金封鎖・財産税実施の3つの目的、

①財政破綻の防止（ただし、「巨額の歳入を確保」による財政再建は大失敗。実際の結果は強烈なインフレによる公的債務GDP比減少で、国の借金を小さく見せる形での財政再建となった）
②富の公平な再分配
③インフレーションの抑制

のうち、①はある意味において成功、②も恐らく括弧付きではあるが「成功」し、③は完全に失敗したと言える。

ただし、当時の「②富の公平な再分配」は、現在、世界的に問題となっているような、「貧富の格差の是正」ではなかった、と筆者は見ている。

財産税の課税対象としてご皇室をも除外してはならない、というGHQの日本政府宛て覚書にあった記述からは、明治維新以来の日本の権力構造を徹底的に改造してしまおうという、当時の米国政府やGHQの強烈な政治的意志がうかがい知れる。

独裁体制であれ、民主主義体制であれ、どのような政治体制であろうと、**カネと権力は結びつきやすい**。例えば現代のアメリカでは、大金持ちがテレビCMなど広告に大金を投じることで、選挙結果＝権力バランスが大きく左右される（詳細は第4章参照）。

終戦直後の財産税は、カネを奪うことによって戦前の権力者層（とGHQが考えていた人々）から力を奪っておくことが主たる目的だった、というのが筆者の見立てである。

6．日本：敗戦とハイパーインフレからの復興

話が脇にそれたが、筆者が強調したいのは「破綻とその後の回復」である。その観点からすると、日本の終戦前後の「破綻」で注目すべきは、借金を期日までに返せなかったことや、預金封鎖・財産税のような「カネの破綻」ではなく、米軍の本土爆撃などによる生産・流通設備の破壊に伴う「物質的な破綻」である。なぜなら、後者の物質的「破綻」は、アメリカからの食糧支援がなければ、国民が生き延びる必須カロリーが足りないほど、強烈だったからだ。以下、この「物質的な破綻」に焦点を当てた、終戦直後の「ハイパーインフレ」の発生原因と克服方法を、簡単にまとめておきたい。

・終戦直後「ハイパーインフレ」の原因

敗戦は、本土爆撃による生産設備破壊、領土喪失による原材料減少をもたらし、農業、工業含めた全生産は戦前の４割に減少した（東洋経済生産指数の総指数では、１９３１～33年を１００とすると、終戦の45年には40にまで減少した）[※5]。まさしく「物質的な破綻」である。

一方、戦争遂行のために政府が重ねた財政赤字（借金）は、民間の財政黒字（貯金）として積み上がり、１９４５年終戦時の民間の預貯金は37年の10倍に膨張していた。

預金の急膨張で民間部門がカネ余り状態になっていたことに加え、戦時中の政府の強力な物価統制力が敗戦後、一気に失われた。さらには、「現金を課税の対象とするに付いても新様式の日本銀行券を発行し現銀行券と強制的に交換せしむる措置を講ずる所存である」と、渋沢敬三大蔵大臣が預金封鎖・財産税を事前に予告してしまった。この蔵相発言は、「当時すでに顕著となっていた預金の引出しや換物運動を一段と促進し、インフレーションの進展をいよいよ激化させた」のであった（前掲『日本銀行百年史』）。

なお、この大蔵大臣発言は45年11月から12月にかけてなされた。東京小売物価指数の月別変化率（前月比）が最大値を記録（プラス93・６％）したのも同年12月である（東洋経済新報社「昭和国勢総覧　下巻」戦前基準東京小売物価指数　月別データから計算）。そして、預金封鎖が実施されたのは翌46年の２月であった。経済学者ケーガンによれば、ハイパーインフレの定義は「月率プラス50％超の物価上昇」とされ（Phillip Cagan, "The Monetary Dynamics of Hyperinflation," 1956）、それに従えば当時の日本は、まさにハイパーインフレだったことになる（ただし、その定義に当てはまるのは45年12月の１ヵ月だけ）。

「物質的な破綻」による物不足に、カネ余りが重なった。さらに追い打ちをかけて、「カネを現金で持っていても、現金の価値は新円切り替えでこれから無効にしてやるし、無効になる前に現金を銀行に預けても、預金封鎖と財産税の組み合わせで大半はお上《かみ》に召し上げてやるぞよ」と大蔵大臣（財務大臣）が言い放ったのである。カネを持っているより、そのカネをさっさと使ってモノを買い揃えておいたほうがいいぞ、と言わんばかりだ。これで激しいインフレにならないはずがない、完璧な条件が整っていた。

・終戦直後「ハイパーインフレ」の克服方法※5

終戦直後、政府は銀行の融資枠を限定した上で、石炭の採掘や製鉄など重要産業への融資を優先させた。銀行が貸し出すカネの量を制限することで世の中全体のカネの量の増加を抑えつつ、基幹物資の生産能力の増強でモノ不足解消を図り、インフレを緩和させようとする措置であった（カネが増えずモノが増えれば物価上昇は抑えられる）。

また、政府は当時の日本と同様、外貨が足りない外国との間で「バーター・システム取引」、つまり国同士の物々交換貿易で、不足物資を補おうとした。例えば、ソ連とのあいだで、石炭14万トンと黒鉛4000トンを輸入するのと引き換えに、日本からは木造船175隻を輸出する、といった具合である。

インフレ対策には、米国からの食糧支援や、重要産業への外資導入なども必要であった。

1948年1月の米下院歳出委員会においてGHQ幹部らは、米陸軍の対日食糧援助費予算の増額を要求するにあたり、「普通消費者への食糧配給を、現在の1日1300カロリーから1440カロリー（キロカロリーの誤りと思われる——筆者注）に増やしたい」と証言した。当時の日本は、国民が日々を生き長らえるためのカロリーすら足りないありさまだったのだ。生きるために必要不可欠な食べ物が不足した状態では、人々は食べ物を争って買うから、物価上昇が生じやくなる。すなわち、食糧不足はハイパーインフレの根本原因の一つだったと言える。そして、その解消には米国からの食糧支援が必要不可欠であったし、実際に支援が行われた。

外資の導入については、例えば1948年3月に、「生産復興に寄与するような重要な事業の生産施設及び技術、資材、原料、動力用資材の輸入を目的にするもの」や、「生産品の大部分が再輸出」されて外貨資金を獲得できるものを優先させる、という政府方針が新聞発表された。ただし、株式の大口買い入れで国内産業を支配する結果になるものや、投機目的のもの、国内の技術や設備で対応できる外国の支援が不要な分野のもの、娯楽産業など不要不急の分野のものは、対象外とされた。つまり、日本国内ではなかなか生産できない製造設備などを入手するために、外国から外貨建ての資金を調達する。将来、外貨建て借金の返済が滞らないようにすることと、アメリカ等からの援助を受けねばならない状態から早急に脱却して、経済的な自立をすることを目的に、輸出産業を育成しよう、という趣旨だった。

以上の経緯をまとめると、

- 終戦直後の「ハイパーインフレ」の根本原因はモノ不足、モノを作る能力の不足だった
- それは、どうしても足りないモノは外国からの援助を受けつつ、可能な限り自らモノを作る能力を回復・増強させることで克服された

となる。それでも日本の実質国民総所得――モノやサービスの生産量――が終戦前年の1944年の水準に戻るまでに要した時間は、わずか8年（図表27）と、驚異的な速さだった。「物資を盛んに作る」ための数々の施策が、功を奏したのである。

以上が、筆者の考える「破綻からの回復」の本質だ。そして、将来における「破綻」を予防するための根源的指針であり、万が一、もう一度「破綻」があった場合、早急な回復

図表27　終戦前後の実質国民総生産（GNP）

日本経済は、たった８年で終戦前の水準に回復！

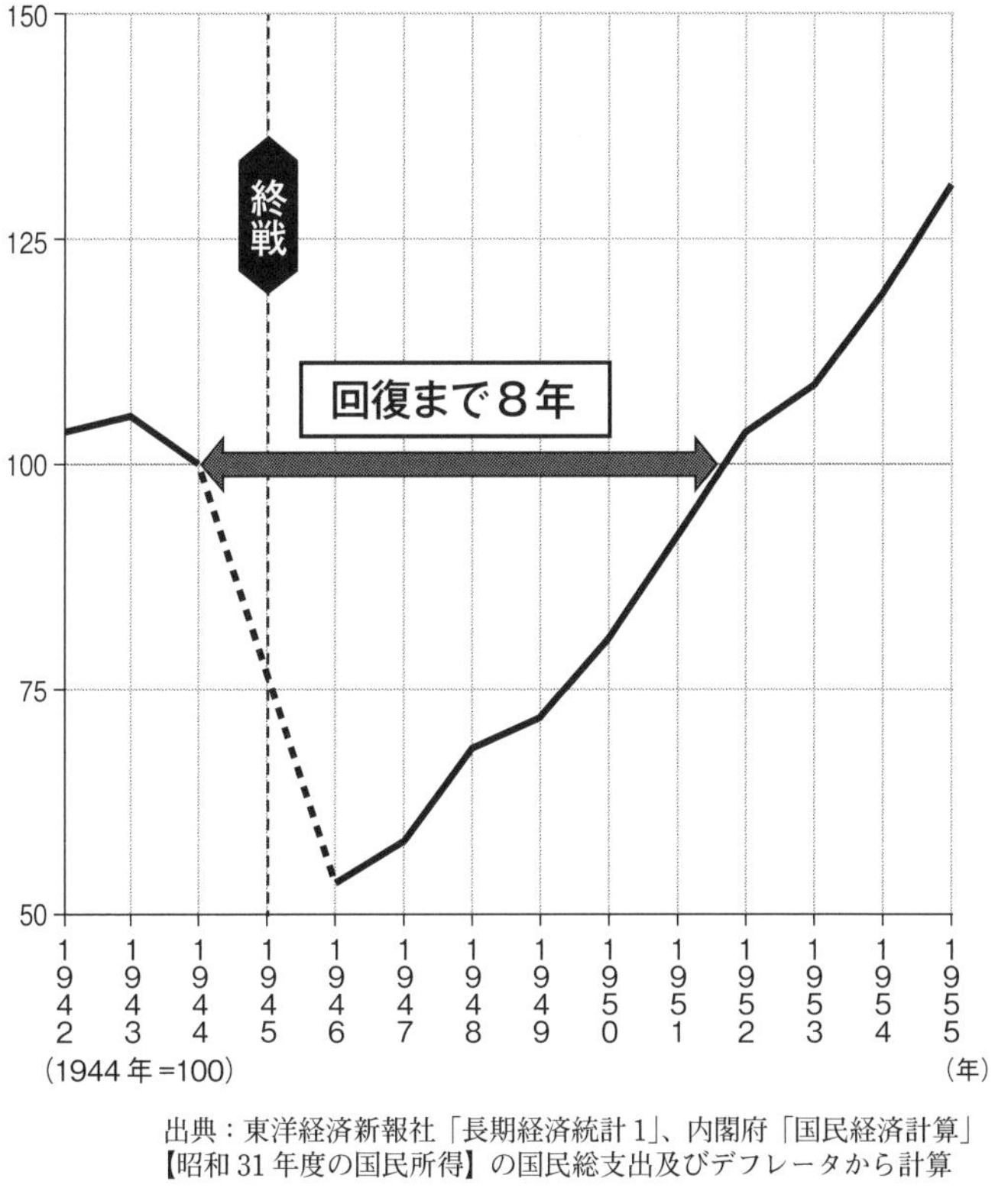

出典：東洋経済新報社「長期経済統計1」、内閣府「国民経済計算」
【昭和31年度の国民所得】の国民総支出及びデフレータから計算

を遂げるためのモデルでもある。

7.「国の借金」への恐怖：心理学的考察

先に述べたように、日本の現状は「国の借金」に対する頑強な恐怖心から、世界最低水準でしか政府支出を増やせず、生産性を高める技術開発やインフラ・設備投資が不足しており、将来を考えれば極めて危険な状態である。ここで、個人が感じるその恐怖が、実際に社会に影響を及ぼしてしまう心理学的、生物学的な仕組みについて、整理しておきたい。

恐怖への心理学的考察の素材として、筆者は以下の5点を挙げておく。

①感情＝身体状態の感覚

世界的に著名な脳科学者、アントニオ・ダマシオによれば、感情とは、身体状態――血糖値、血圧、ホルモンの分泌等の物質的な現象――を脳でいかに感じているか、である（アントニオ・R・ダマシオ『感じる脳――情動と感情の脳科学　よみがえるスピノザ』田中三彦訳、ダイヤモンド社、２００５）。

②ソマティック・マーカー仮説

ダマシオの学説によれば、すべての記憶は、感情＝身体状態の感覚とセットで記憶(somatic＝身体の、marker＝しるし付け)されている。たいていの場合、「借金」という単語は、恋人との楽しい思い出よりも、借金取りによる過酷な取り立て、夜逃げ、一家離散などの恐怖の感情を呼び覚ます。すなわち「借金」が恐怖の感情とセットで記憶されていることを意味する。「国の借金1000兆円」と見聞きした場合、多くの人々の脳内あるいは身体内で、恐怖の感情が呼び覚まされ、借金はとにかく減らすべき、政府は支出を切り詰めるべき、と考えてしまうことは、生物学的に極めて自然な成り行きと考えて良い。

③推論・論理的思考も感情による判断の積み重ね

同じくダマシオ（前掲書）によれば、人間は推論の作業を効率化するため、過去の良い結果は肯定的感情、悪い結果は否定的感情とセットで記憶する、という仕組みを利用する。あなたが、自分ではどんなに理性的・論理的に考えている、と思ったとしても、大なり小なり、その思考過程では、あなたの脳内、体内で、必ず感情のシステムが利用されている。

人間が論理的に思考する際には、生物進化の過程で先に獲得されていた、感情の仕組みが利用される。「過去の良い結果は肯定的感情、悪い結果は否定的感情とセットで記憶される」ことで、食糧を獲得する確率が高まり、死の危険を回避する確率が高まり、生き残る確率が高まるからだ。

「国の借金1000兆円！　大変だ！　家計や企業会計を考えれば、借金はとにかく減らすべきであり、政府は支出を切り詰めるべきだ！」という考えも、人によってそれがどんなに理性的、論理的と感じられようと、疑う余地なく、感情が関係している。と、このように書いていている筆者もまた、この文章を考える過程で間違いなく感情を差し挟んでいることになる。

とはいえ、「感情を差し挟んで考えるのは間違い」ということでは断じてあり得ない。どんな思考であっても、必ず感情が絡むのが、人間の、生物としてのシステムである。思考には必ず、機械的に、感情が関与するのである。

④恐怖の記憶は一生消えない

もう一人の著名な脳科学者、ルドゥーによれば、恐怖の感情は、生物が危険を回避し、生存の可能性を高めるための、特に必要不可欠な機能である（ジョセフ・ルドゥー『エモーショナル・ブレイン　情動の脳科学』松本元ほか訳、東京大学出版会、2003）。

ルドゥーは「ウサギが水たまりに出かけて、キツネに出会い、命からがら逃げ帰ったとすると、次にそのウサギは、水たまりに近づくこと自体を避けるか、びくびくしながら注意深い足どりで、キツネが近くにいる手がかりがないか、周囲を見ながら水たまりに近づくだろう。ウサギの脳では、水たまりとキツネは関連付けられ、水たまりに近づくと警戒するようになる」。「野生動物には試行錯誤を行って学習する機会はない」ため、恐怖体験は決して忘れないと述べる。危険情報を一度で学ばないと、厳しい自然界で生き残っていけないからだ。

また彼は、動物の恐怖条件付け実験の前後で、複数の脳神経細胞（ニューロン）の活動記録を調べ、一部のニューロン間の相互作用が消去されず残っているのを発見したと、同書で述べている。このルドゥーの知見に従えば、一度覚えた恐怖の記憶は、仮にその発現を抑えることができても、決して物理的に消し去ることはできないことになる。これが、恐怖体験による心的外傷（トラウマ）が「消えない」ことの生物学的な理由である。

以上を踏まえれば、「借金」や「国の借金」という言葉、あるいは概念に対する恐怖も、そう簡単には消えることはないものと思われる。

⑤恐怖の記憶は遺伝する（マウスによる実験）

近年、ネイチャー誌で発表された複数の学術論文によれば、「恐怖体験の記憶は子孫に遺伝する」という（NATURE NEWS "Fearful memories haunt mouse descendants," Dec 1, 2013）。

図表28　「国の借金」に対する過剰な恐怖：心理学的考察

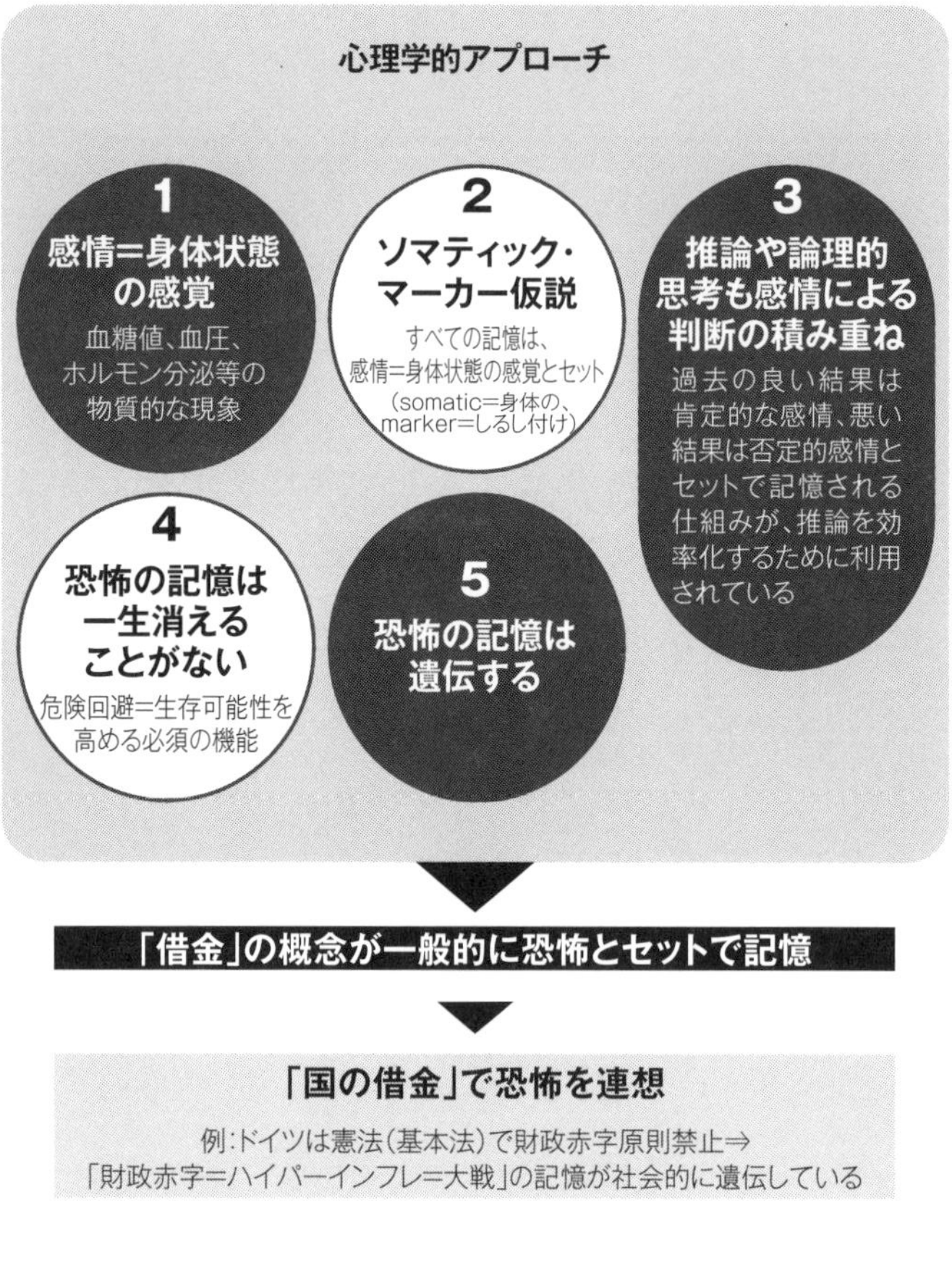
心理学的アプローチ
1
感情＝身体状態の感覚
血糖値、血圧、ホルモン分泌等の物質的な現象
2
ソマティック・マーカー仮説
すべての記憶は、感情＝身体状態の感覚とセット
（somatic＝身体の、marker＝しるし付け）
3
推論や論理的思考も感情による判断の積み重ね
過去の良い結果は肯定的な感情、悪い結果は否定的感情とセットで記憶される仕組みが、推論を効率化するために利用されている
4
恐怖の記憶は一生消えることがない
危険回避＝生存可能性を高める必須の機能
5
恐怖の記憶は遺伝する
「借金」の概念が一般的に恐怖とセットで記憶
「国の借金」で恐怖を連想
例：ドイツは憲法（基本法）で財政赤字原則禁止⇒
「財政赤字＝ハイパーインフレ＝大戦」の記憶が社会的に遺伝している

それが真実なら、その理由は④で述べたように、恐怖が、危険回避と生存のために必要不可欠な機能だからだろう。

前掲の脳科学者ルドゥーによれば、実験室で育ち、生まれてこのかた猫を見たことがないネズミでも、「初めて猫に出会ったときはすくむ」。すくみは天敵に出会ったとき、相手の動向を見極め、その後、攻撃したり逃げる準備を整えるための「防御反応」である。これは恐らく、はるか遠い昔の、先祖ネズミの猫に対する恐怖体験の記憶が、今を生きる子孫ネズミたちに遺伝しているからだろう。

以上の①から⑤を踏まえ、筆者は以下のように考える。

日本で１９９７年以来現在まで（少なくとも２０１２年までは確実に）、緊縮財政政策が採用され続けてきた理由や、２０１３年10月、米国議会の連邦債務上限引き上げ問題が紛糾し、16日間の政府機関閉鎖が生じたこと、さらにドイツ基本法（事実上の最高法規）で連邦および州政府の財政均衡が厳しく規定されている大きな原因の一つは、借金全般に対する恐怖心から派生した、「国の借金」に対する強固な恐怖だと思われる。

ドイツには、共通通貨ユーロ採用で独自の通貨発行権がないため、財政均衡を重視せざるを得ない事情もある。だが、第一次大戦後のハイパーインフレの原因が、通貨増発のみならず政府の急激な赤字拡大にあったとされること――「長く続く高いインフレは常にどの場合でも財政的な現象である」（前掲『ジョーンズ マクロ経済学Ⅰ』）という経済学者トーマス・サージェントの言葉通りの現象――に対する恐怖、文字通りの「国の借金」に対する恐怖の記憶が、多くの国民に強烈に作用していた、という可能性も大いにある。[※6]

それがさらに、ナチスの台頭、凄惨を極めた第二次世界大戦の記憶と結び付けられ、社会的な記憶として、子孫においても恐怖との感情的連結が強化されたら、人々の頭の中からそう簡単に消えることはない。「恐怖の記憶」は長期にわたって、ドイツの財政政策に影響を与え続けるだろう。

もし、世界中の政府がドイツのように財政赤字を禁止したらどうなるだろうか？ 前掲の式（1）で見たように、世界全体の政府を合算して一つの政府、世界中の民間部門を合算して一つの民間部門とみなせば、

世界中の政府の支出＝世界中の民間部門の収入

となる。それぞれの政府の財政赤字は基本的にゼロ以下となるから、世界全体の政府の純支出はゼロ以下となる。そうなると、世界中の民間部門の純収入は必然的にゼロ以下になる。つまり、民間部門は貯金することが原理的に不可能となる。

一方、経済成長には世の中全体のカネの量の増加が必要である。より大きなGDPの経済を回すには、より多くのカネが必要になるからだ。カネが増えるとは、基本的には銀行の預金が増えることである。銀行の預金が増えるには、誰かが銀行からの借金を新規に増やし続ける必要がある。政府の赤字が認められない、つまり、政府の新規の借金が認められないなら、民間部門が新規の借金を増やすしかない。

前に述べたように、政府の借金より民間の借金のほうが、危険性が高い。経済成長とともに「増え続けなければならない」新規の借金を、民間だけに背負わせ続けるなら、いずれかの時点で、かなり高い確率で、民間の借金が行き過ぎて問題を起こし、経済全体に重大な影響を与える。

そのとき、本来なら政府が緊急に借金をして財政支出を行い、社会・経済の安定を図らねばならないが、財政赤字が憲法で禁じられたら、どれほど社会が混乱しようと、それは不可能となる。社会秩序の維持や国民生活の安定に必要な支出をしない政府の存続を、国民は許すだろうか？　無為、無能、無用な政府は最終的に倒され、借金をそれなりに許容する新政府が作られるだろう。

さらに言えば、借金を厳しく制限された政府を持つ国では、必要なインフラ投資や必要な技術投資が不足するので、そうでない政府を持つ国との競争に負け、貧困化する可能性も高い。このインフラ投資には、災害から国民の生命と財産を守る公共インフラ整備も含まれる。借金を気にするあまり、地震や津波、風雨災害などに備えようとしない政府を持つ国と、多少は借金を増やしてでも、しっかり備えようとする政府を持つ国のどちらが、長期的に存続し、繁栄するだろうか。答えはおのずと明らかではないだろうか。

国の借金に対する過剰な恐怖は、長期的には克服可能だと、筆者は考える。

ただしそれは、国の借金の新規増加を禁じられた政府を持つ諸国が、国の借金をある程度許容する政府を持つ諸国によって、完全に淘汰されるまで待つ必要があるかも知れない。あるいは、「国の借金」に対する過剰な恐怖によって、生産性を高める投資や、公共インフラ投資を十分に行えず、それが原因でひどい物資不足に陥り、防災もままならず、国民の生命と財産への打撃が凄惨を極めるようになるまで——つまり、実体ある本当の危機への恐怖が、「国の借金」に対する実体のない観念的な恐怖を圧倒的に凌駕《りょうが》するようになるまで、気の遠くなるほどの年月を経なければならないのかも知れない。

……いや、実はもう一つ別の選択肢もあり得る。

前々節で見たように、日本の敗戦直後の預金封鎖・財産税の主たる目的が「富の公正な再分配」――「カネは権力である」なら、それは権力構造の大転換を意味する――であったことを踏まえれば、各国の当局が、国民全般を覆う「国の借金に対する過剰な恐怖」を逆手に取り、あえて緊縮財政路線を続け、政府債務の不履行や預金封鎖・財産税の実施という手法に訴える可能性は、政治的にはあり得るシナリオだ。

既に述べたように、官民を合計した外貨建ての借金、通貨発行権で処理できない借金の問題がない限り、あるいは強烈なインフレが問題になっているのでない限り、本来は政府債務の不履行や預金封鎖・財産税の実施などの「破綻」処理は無用である。そのような「破綻処理」は（少なくとも一時的には）経済に重大な悪影響（損失）を及ぼすし、政府に対する信頼も著しく損なう。ゆえに、よほどの事情がない限り、経済的合理性はない。

しかし、「権力構造の大転換」という政治目的があれば、話は別である。

筆者は従来、日本は対外外貨建て債務の問題もなく、インフレの問題もないことを理由に、日本政府が債務不履行や預金封鎖・財産税を実施することは、少なくとも今後数十年はあり得ないと考えていた。しかし今では、預金封鎖・財産税や、それに類する施策は、「富の公正な再分配」＝「権力構造の大転換」につながるという観点を持つに至り、むしろ政治的な目的の達成のために、あり得ると考えるようになった。こうした政治的な視点からの、今後の想定シナリオについて、詳しくは第4章で述べる。

8.「格差」を助長する「国の借金恐怖症」と「金融緩和依存症」

格差の問題がなぜ重要か。「格差が十分に小さい状態なら、これ以上福祉に追加の予算を計上しなくて済む」と考えれば、格差指標は、政府財政の余裕度を示す指標の一つだと言える。

いや、格差指標は、「経済成長率、経常収支、政府の財政収支、民間の財政収支などでは測れない、社会全体の余裕度を見るために役立つ格好の指標」だと言うべきかも知れない。この問題に関しては、リビアのカダフィ政権の崩壊過程が、非常に示唆に富む。

2011年、反政府デモが激化して内戦が勃発、反乱軍からの求めに応じた英仏中心のNATO軍が軍事介入したことで、それまで40年以上リビアに君臨してきたカダフィ政権は崩壊した。ところが、崩壊直前のリビアの各種経済指標は、極めて良好であった（図表29）。

カダフィ政権崩壊直前までの8年間の実質GDP平均成長率はプラス6・1％、経常収支は17年連続で黒字、政府財政収支も16年連続で黒字であり、経常収支が大きかったこ

図表 29　カダフィ政権崩壊前後のリビア各種経済指標
（破線・点線は推計値）

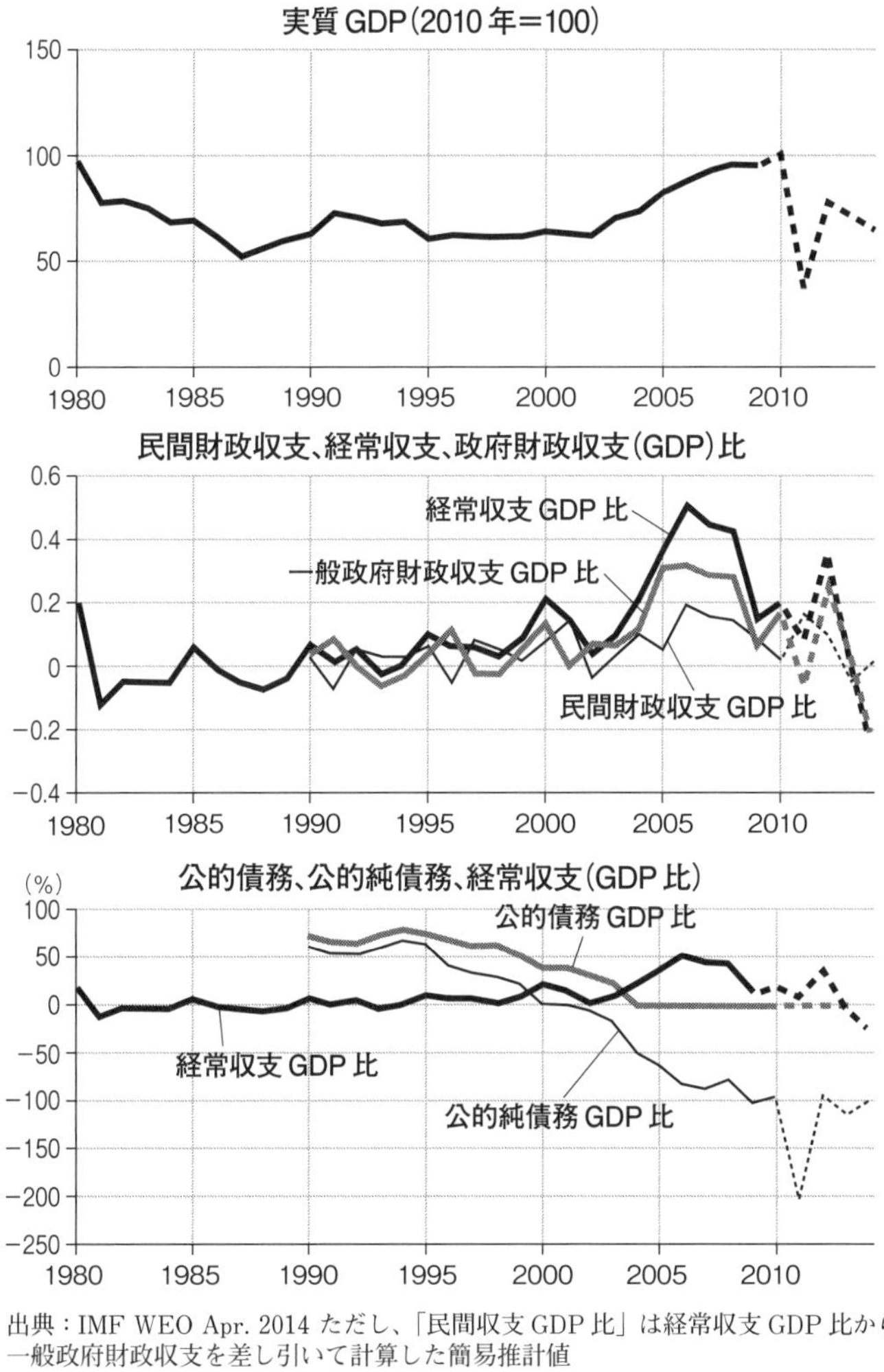

出典：IMF WEO Apr. 2014 ただし、「民間収支 GDP 比」は経常収支 GDP 比から一般政府財政収支を差し引いて計算した簡易推計値

とも手伝って、民間の財政収支（簡易計算）もまた8年連続で黒字だった。政府の債務残高は２００７年、完全にゼロとなり、政権崩壊直前の公的純債務ＧＤＰ比はマイナス96％、つまり、一般政府の金融純資産（純粋な貯金）が、ＧＤＰと肩を並べるほど積み上がっていた。

カダフィ政権崩壊直前のリビアは、通貨発行権で対応できない債務の問題がまったくなかったと考えられ、政府の財政余裕度は極めて高かったと言える。それでも、「かつて『アフリカの王たちの王』とも称されたリビアの元最高指導者ムアマル・カダフィ大佐は、８か月にわたる抵抗の末、出身地のシルトの下水管の中に隠れているところを拘束され、その後死亡」するに至った（「カダフィ大佐、最後は下水管の中　死亡状況めぐり証言交錯」ＡＦＰＢＢ、２０１１年10月21日）。

ＩＭＦの推計値によれば、リビア経済は２０１１年の実質ＧＤＰが、前年比４割も落ち込むほどの大混乱となった。１９２９年、アメリカで始まった大恐慌の実質ＧＤＰの落ち込みは、１９３３年までの４年間で27％下落して底打ちしたから[※4]、４割の落ち込みは凄まじい。

「カダフィ大佐」が命と引き換えに残した教訓の一つは、政府の債務がゼロになっても、社会・経済が安定するとは限らないことだが、我々が注目すべきもう一つの教訓は、命があるうちに、内戦の原因となった国内の不平等や格差問題に、もっと目を向けるべきだったということだろう。

リビアの格差指標は公的には存在しないようだ（少なくともＩＬＯや世界銀行のデータベースにはない）。従って、反政府デモ拡大の最大の原因が、格差や不平等だったと断定はできない。しかし、直前までの継続的で安定的な経済成長、政府の巨大な金融純資産の蓄積、民間部門の財政収支の継続的な黒字にもかかわらず、内戦と体制崩壊に至った原因として、やはり格差問題――自らの出身地域の優遇、政治参加の不平等や経済的地位の不平等――に対する国民の不満があったと考えるのは、それほど不自然なことではないだろう。

政権崩壊の大きな原因が、地域間格差や特定集団の優遇にあったと仮定すれば、カダフィ政権は、豊富な石油や天然ガスなど天然資源を背景にした財政余裕度の高さを最大限に活かし、格差縮小に取り組むべきであったと言える。それに基づけば、格差指標は、社会秩序や体制の維持のための、致命的に重要な管理指標と考えるべき、ということになる。

また、社会秩序崩壊で生ずる膨大なコストを考えれば、格差を適正範囲内に収めるための「投資」は、広い意味での政府財政余裕度の向上に必要不可欠だ、とも言えよう。

自国の格差状況を知る手段すら持たなかったであろう「カダフィ大佐」と違い、極めて幸運なことに、日本のような先進国については、いくつかの格差指標が公的機関や研究者から提供されており、格差状況をかなり容易に確認することができる。

日本、米国、英国、ドイツ、韓国について、図表30にジニ係数（所得再分配後）を示した。ジニ係数とは所得や資産の不平等や格差をはかる指標であり、1に近づけば格差は大きくなり、ゼロに近いほど平等なことを表す。80年代から2010年代にかけて、この五カ国すべてで格差拡大の傾向が見てとれる。

さらにこの傾向を確かめるため、図表31に所得水準上位10%の所得占有率、図表32に相対貧困率（所得再分配後）を示してみた。唯一、第二次世界大戦前からのデータがある所得水準上位10%の所得占有率（図表31）を見ると、第二次世界大戦を境に一旦低下した所得格差が、1980年代ごろから上昇に転じ、2010年代の米英では、戦前以上の水準にまで達したことが分かる。相対貧困率（図表32）を見ても、やはり80年代から2010年代にかけて、各国とも概ね上昇傾向にあるようだ。

こうした先進国における格差拡大の傾向に関して、国際連合の機関の一つ、国連開発計画（UNDP）が「貧困解消」をテーマに2011年10月に公表した報告書（"TOWARDS HUMAN RESILIENCE: Sustaining MDG Progress in an Age of Economic Uncertainty"）の、格差問題

図表30　各国のジニ計数(所得再分配後)推移

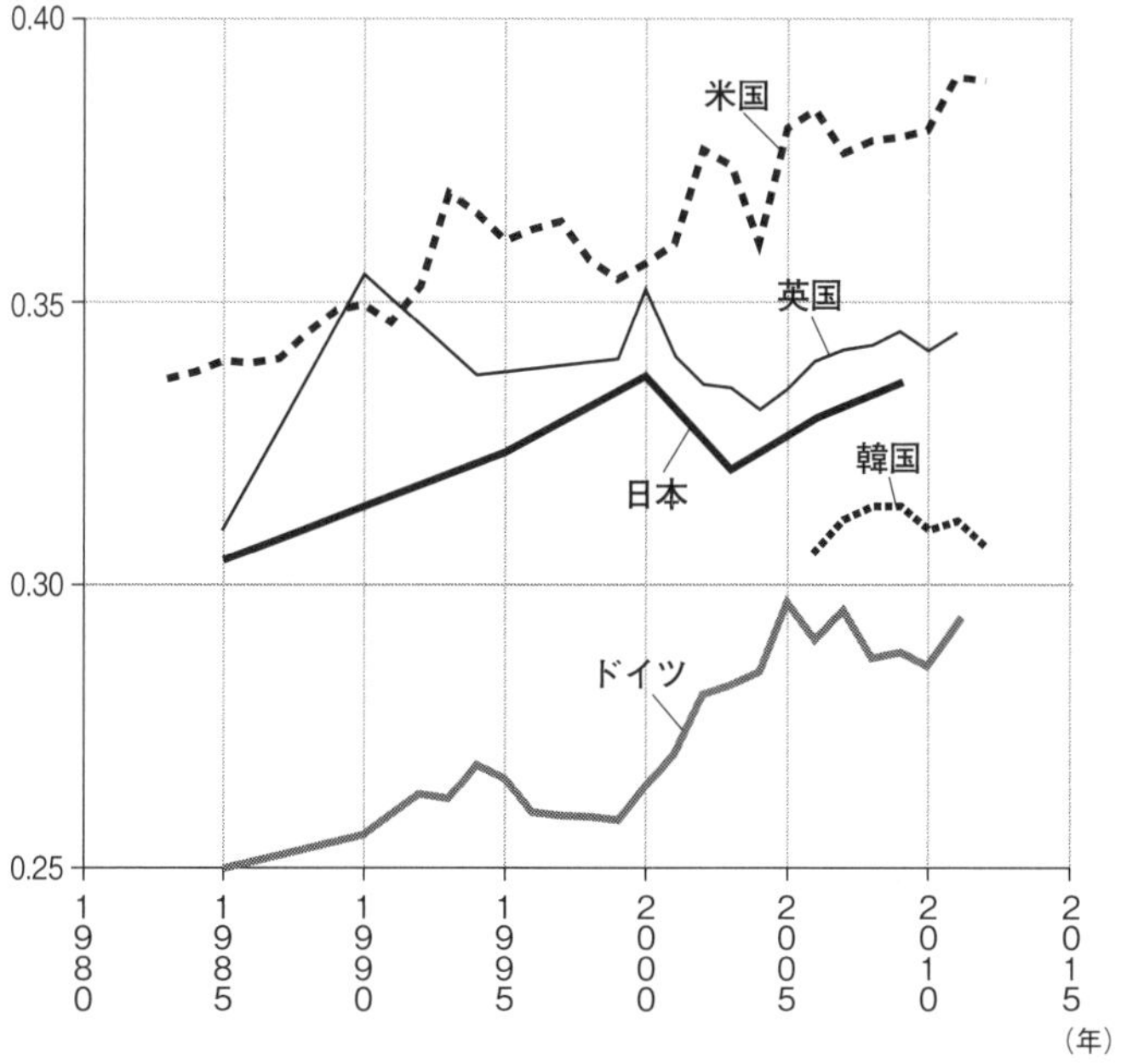

出典：OECD.StatExtracts - Income Distribution and Poverty -Gini

図表31　所得水準上位10%の所得占有率

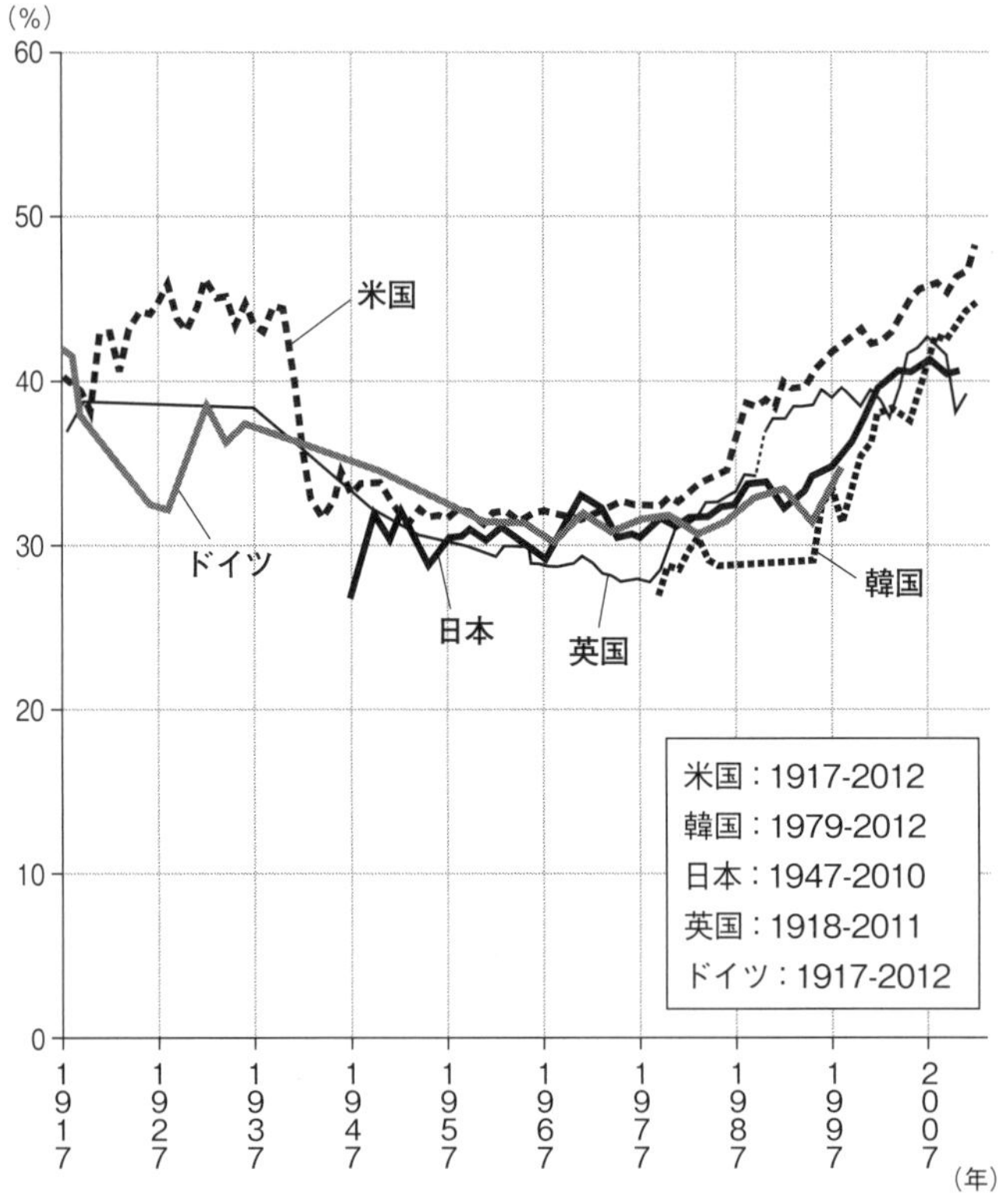

出典：Facundo Alvaredo, Tony Atkinson, Thomas Piketty and Emmanuel Saez, "The World Top Incomes Database," http://topincomes.g-mond.parisschoolofeconomics.eu/

図表 32　相対貧困率（所得再分配後）

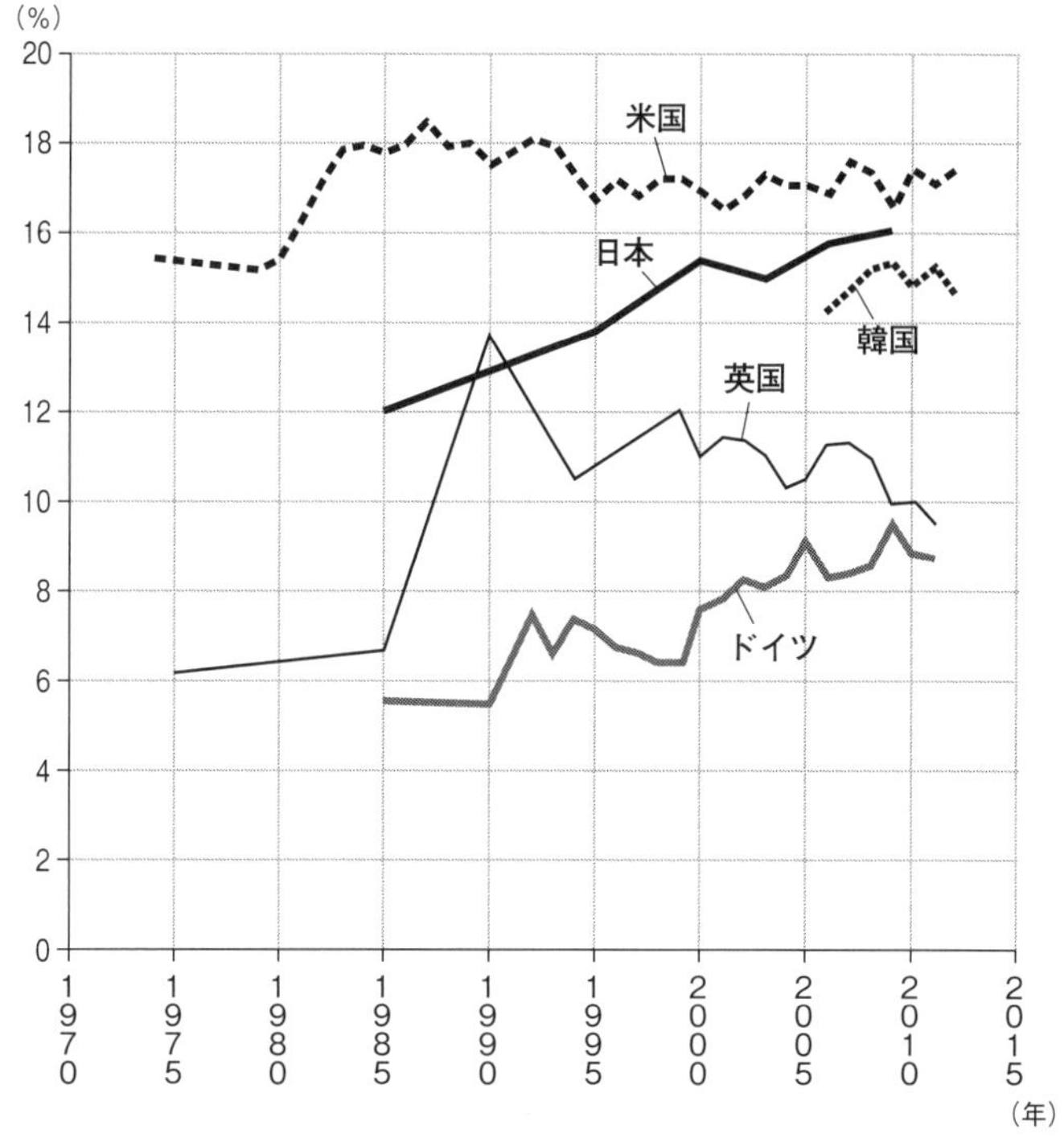

出典：OECD.StatExtracts - Income Distribution and Poverty - Poverty rate after taxes and transfers, Poverty line 50%

を扱っている第6章（所得格差と慢性的貧困の条件）に、次の記述がある。

先進国における不平等の増大は、金融の不安定化を促進する。なぜなら不平等は、政治的な混乱や経済成長の減退を避けることを目的とした、従循環的投資政策（例えば規制緩和や緩和的金融政策）が実行されやすい政治環境を創り出すからである。

やや難解な用語を含む、国連報告書のこの記述をもっと分かりやすく、具体的に説明したい。筆者の以前の著書（『「国の借金」アッと驚く新常識』）の同内容のまとめを引用する。

さて、国連報告書では、「近年の格差拡大の原因のうち、最たるものは金融の自由化」としています。

そこに書かれているバブルの生成と崩壊（金融危機）のプロセスを簡単にまとめると、次のようになります（図表33）。

・富の集中は、少数の「使いきれないほどの金を持つ人」に金を集め、大多数の「金をもっと使いたいのに金がない人」に回る金を減らす。

•それによって消費が低迷。モノが売れず、景気が悪化。
•景気対策として政府の支出を増やさずにできる金融の規制緩和（自由化）や、中央銀行による金融緩和（利下げ）といった政策が採用される（景気悪化で税収減となり、政府の借金を増やすような景気対策は議会を通りにくいため）。
•その規制緩和や金融緩和は、デリバティブやスワップ取引などの形で、貧困消費者向け貸付の容易化、金融商品の複雑化、利益最大化の追求という現象を生じさせる＝金持ちでも貧乏人でも安易に借金できてしまう環境が整う。
•富の集中で「使いきれないほどの金を持つ」ことになった少数の人々は、余剰資金がたっぷりあるため、大きなリスクを取りやすい。そこへ規制緩和や金融緩和が重なることで、リスクの大きい金融商品への投資が盛んになる。

以上のプロセスにより、金融不安定化に拍車がかかるというわけです。

さて、右記のことを短くまとめると、「貧富の格差が消費の停滞を生み、その消費の停滞を解消すべく実施された金融の自由化や金融緩和政策が、金融を不安定化させる」となります。

これはつまり、アメリカのサブプライムローン（低所得者向け住宅ローン）危機、リーマン・

ショックの説明そのものです。

そして、リーマン・ショック後の景気後退を経て、格差の拡大、というよりは貧困の拡大と深化が進み、アメリカのみならず世界中に波及した「ウォール街占拠運動」の発生へとつながっていったわけです。

米国のウォール街占拠運動の最盛期、２０１１年11月には、西海岸のオークランドで65年ぶりのゼネラルストライキが起きて、全米４位の規模の港湾が丸一日封鎖となり、ニューヨークでは元軍人らが軍服着用で隊列を組み、抗議のデモ行進を行うという前代未聞の事態が発生した。ウォール街占拠運動はこの年の9月に始まり、2、3ヵ月で概ね収束したが、図表31を改めて見ると、２０１２年の所得格差は11年を上回っており、米国における格差問題は、依然として予断を許さない状況であると思われる。

その傍証として、アメリカでは近年、銃乱射事件が増加傾向にある（ＦＢＩ資料参照[※7]）。また、２０１４年以降は、白人警官による非武装の黒人射殺事件が頻発している。同年8月9日、ミズーリ州で18歳の丸腰の黒人青年が射殺され大規模なデモに発展。11月22日にはオハイオ州でエアガンをもっていた12歳の少年が射殺され、12月2日にはアリゾナ州、

図表33　金融不安定化と格差拡大のメカニズム

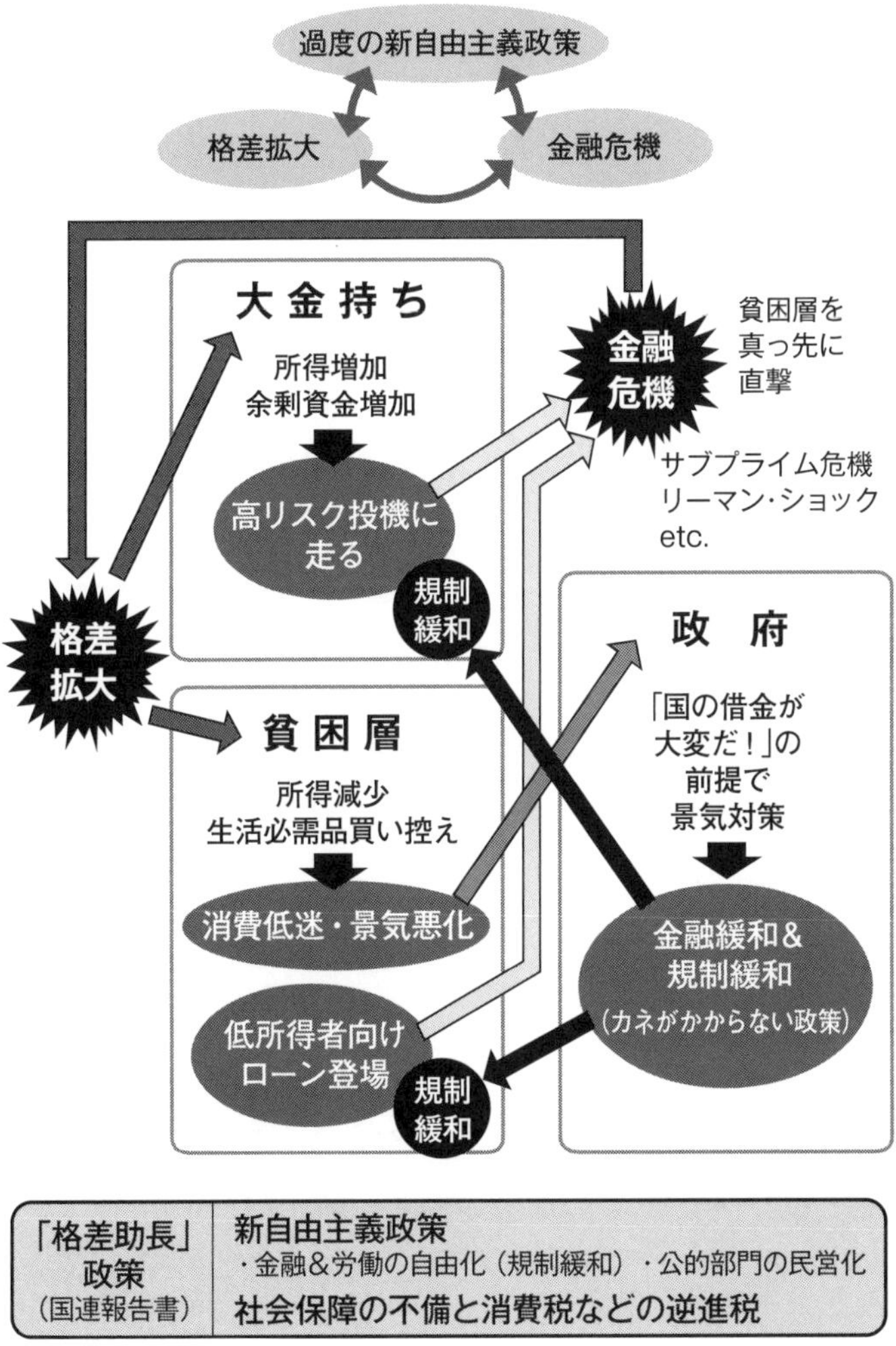

出典：廣宮孝信著「『国の借金』アッと驚く新常識」p.223 プレゼン54

12月23日にはミズーリ州で白人警官による黒人射殺事件が起きた。2015年も、4月2日にオクラホマ州、4月4日にサウスカロライナ州、7月19日にはオハイオ州と、収まる気配がない。

加えて2015年、逆に黒人が白人保安官を「処刑スタイル」で射殺した事件が発生。また、白人至上主義者が黒人の教会を銃撃して9名を射殺した事件と、それを契機として黒人の元テレビレポーターが生中継放送中に元同僚の白人のレポーターとカメラマンを射殺した事件（容疑者は黒人教会銃撃事件がきっかけだったとの遺書を残して自殺）も起きた。

以上のようにアメリカではこのところ、人種間対立を思わせる事件が急増している。このことは恐らく、格差拡大による米国社会の不安定化と無縁ではないだろう。

なお、先に触れた国連開発計画の報告書では、図表31に示したのと同様の、アメリカ所得格差のグラフに基づき、1928年と2007年に、所得格差がピークに達した直後、大規模な金融危機が発生していると指摘している。また、1933年に銀行規制を強化するグラス・スティーガル法が施行されると、所得格差が縮小し、1980年に銀行規制が緩和された後、再び所得格差が拡大しているとも書いてある。

英国でも1980年代、サッチャー政権による金融ビッグバン（86年）や、国営企業の民営化その他、一連の新自由主義的な改革で、格差拡大が進んだと考えられる。２０１４年に持ち上がったスコットランド独立騒動——同年9月18日の住民投票で否決され、独立は寸前で回避された——は、サッチャー改革の余波であると同時に、英国における格差が許容範囲を超えつつあることの警告だったかも知れない。例えば、元スコットランド国民党所属のスコットランド議会議員アンドリュー・ウィルソン氏がロイターに寄稿したコラムでは「１９８０年代—90年代、当時のサッチャー首相とメージャー首相の政策はスコットランド経済に大打撃を与えた。スコットランド人の目には、炭鉱閉鎖や製造業の破壊は民主的な正当性を持たないと映った。英保守党（筆者注：故サッチャー元首相やメージャー元首相の所属政党）の政策は他の地域では多くの支持を得られたものの、スコットランド議会59議席のうち保守党は1議席ということからも、スコットランドでの圧倒的な拒絶反応は明らかだ」と指摘されている（「コラム：スコットランド独立に『賛成』する理由」ロイター２０１４年9月16日）

英米と比べた日本の格差の現状は、図表30のジニ計数、図表31の所得上位者10％の所得占有率で英国と肩を並べ、図表32の相対貧困率では英国を上回り、アメリカと肩を並べている。英米の社会状況を踏まえると、現在の日本は、社会的な余裕がもはや決して高くない状況であるのかも知れない。

そう思ってもう一度図表31を見れば、米英に遅れること約10年、日本と韓国では１９９０年代後半に急速に所得格差が拡大していた。日本では政府の財政拡大が止まると同時に、名目ＧＤＰの増加も止まったこと、韓国ではアジア通貨危機で国家経済の大混乱が生じたことが、それぞれの原因かも知れない。

前掲の国連開発計画報告書では、先進国における格差拡大と金融の不安定化が、後進国の経済不安定化と格差拡大を促進する可能性が指摘されている。これについても留意すべきだろう。もしこの説が正しいなら、日本の格差拡大は、自国の経済の不安定化のみならず、世界経済の不安定化を加速する可能性もあるからだ。

そして、日本特有の事情として、１９９１年以降、実質賃金がほとんど伸びていないことに注意する必要がある。

図表34に１９９１年、97年、２０１３年の各国の実質賃金のデータを示した。出典元のデータは２０１３年の価格で固定され、かつ、同年の対米ドル購買力平価為替レート（ＰＰＰレート）で固定されたデータを基にしているから、この年のアメリカの物価を基準として、各国の各時点の賃金で購入できる、モノやサービスの量を直接、比較できるデータ

となっている。

例えば日本の2013年の数値を基準に指数化したデータで、同年の日本の労働者が年間で1単位のモノやサービスを購入できるだけの賃金を受け取っているとすれば、1991年のアメリカの労働者は、1・2単位のモノやサービスを手に入れられるだけの賃金を受け取っていた、という比較が可能だ。

日本は、1991年から2013年にかけて、ほとんど実質賃金が伸びなかった(伸び率はプラス3%)。この期間、日本より伸び率が低かった国は、データがある中では、わずかにイタリアのみである。そして2013年に日本の労働者が受け取った賃金で手に入れることのできるモノやサービスの量は、韓国の労働者よりも少ない。その状況に加えて、既に述べたように、日本の格差は、スコットランド独立騒動が持ち上がった英国や、場合によってはアメリカと同等の水準にまで上昇しているのだ。

さらに、英米の実質賃金は、1991年から2013年にかけてそれぞれ34%、32%上昇したが、日本はわずか3%である。実質賃金が伸びず、格差が拡大している日本では、確実に貧困が拡大している。

仮に「金融の自由化や金融緩和政策が格差を拡大する」という国連報告書の説が正しい

図表34　各国の実質賃金(年間)の推移

(2013年固定価格・2013年対米ドルPPPレート)

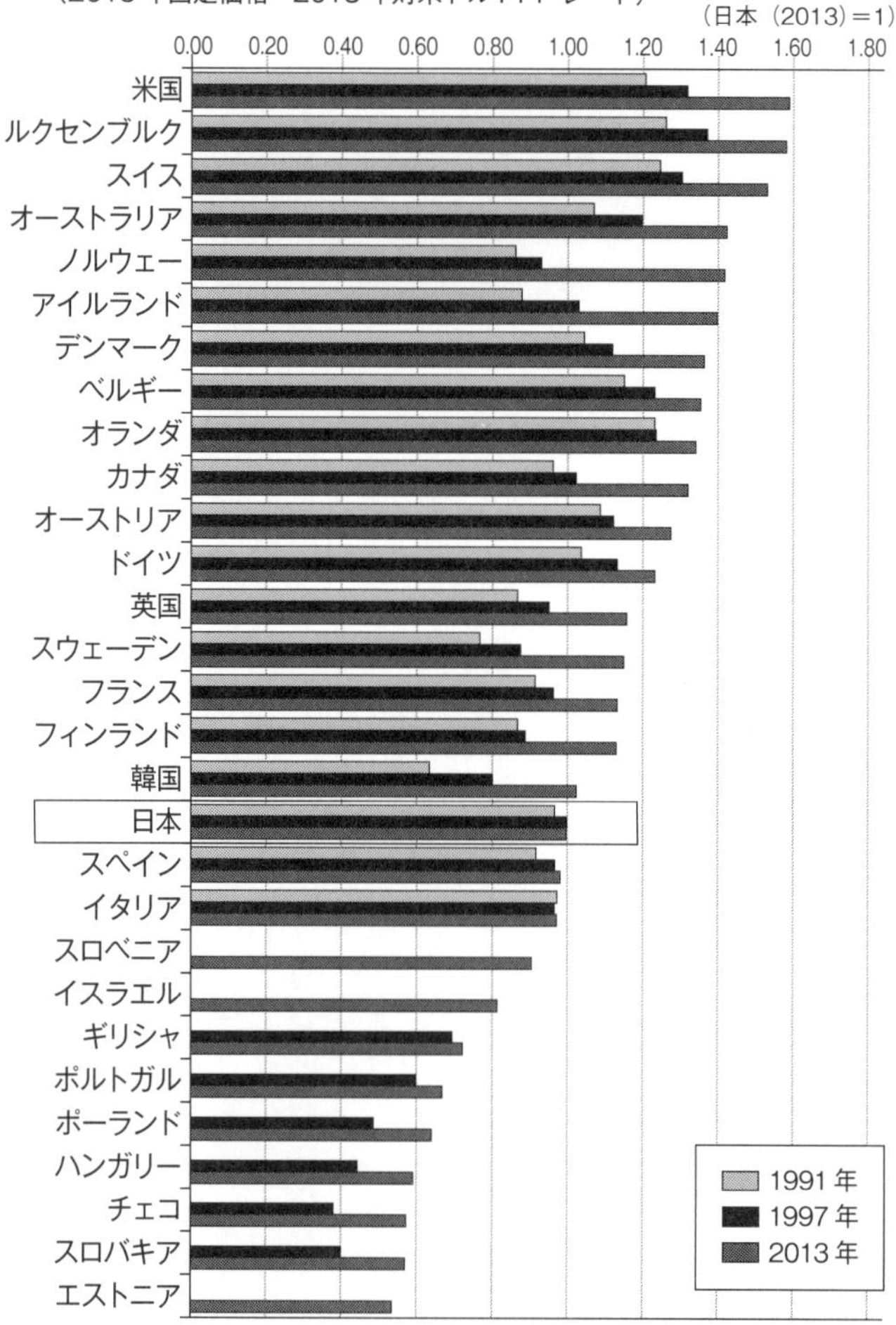

日本の順位　1991年11位　1997年12位　2013年18位

OECD.StatExtracts - Labour - Earnings - Average annual wages を指数化

なら、90年代前半以降の、民間企業が萎縮して投資せず、借金を減らして貯蓄ばかり増やす状況下の日本で、格差と貧困の拡大をくい止めるには、金融政策では逆効果で、財政政策が望ましい。

同時に、日本の格差指標は、金融緩和が行き過ぎていることを示唆する。図表30から図表32の三つの指標は、公的債務ＧＤＰ比と同様、これを超えたら社会が混乱するという確実な数字ではないし、どの辺りが最適な水準か、議論は分かれる（格差がなさ過ぎる状態も、競争原理がまったく働かなくなるため、社会全体の活力を長期的に損なうだろう）。

日本の場合、民間主導で経済成長できていた――民間企業が支出と借金を同時に拡大することで経済成長が達成できていた――80年代頃の水準を目指すのが良いかも知れない。

先述の国連開発計画の報告書によれば、所得格差の増大で、消費性向の高い低所得層の所得が一層減少、消費性向の低い高所得層の所得が一層増大し、有効需要が減退する。そこで需要を喚起するために、中央銀行による金融緩和が行われる。それでも間に合わなければ、政府が歳出拡大や減税を行う。すなわち積極財政政策を実施することで需要を補う。しかし今日では、財政赤字を嫌う世論に押され、多くの国の議会では積極財政政策への反対が強い。すると、どうしても中央銀行による金融緩和への依存が強まる。

積極財政が使えない中、何とかして需要を喚起しようと、中央銀行は通常の金融調節による緩和（短期債券の購入を増やして短期金利を引き下げる政策）に留まらず、量的緩和（短期金利がゼロ％まで下がったために、今度は長期債券の購入を増やして長期金利まで下げようとする政策）にまで踏み込む。

図表33に示した、国連報告書の「金融緩和は格差拡大を助長する」というメカニズムにつき、アメリカを例にして考えてみよう。図表31の所得格差指標は現在、既に1929年の水準を上回り、さらなる上昇傾向にある。このことから、リーマンショック後に米FRBが実施したゼロ金利政策や、「QE1」、「QE2」、「QE3」と称される一連の量的緩和は、過剰な金融緩和だったと判定してよいのかも知れない。すると、この金融緩和はできるだけ早期に終了すべき、ということになる。終了するならば、米国はかなり確実に景気後退入りとなり、政府の財政出動に重点を置くべき経済局面となるだろう。

それでも、2013年10月に連邦債務上限引上げ問題が連邦議会でこじれ、政府機関が16日間にわたって閉鎖される騒ぎとなった際、FRB当局者が「超緩和政策が依然必要と主張」していたように（「FRB当局者、超緩和政策が依然必要と主張」ロイター2013年11月13日）、財政拡大政策を取ることは難しく、景気後退をくい止めるために再び金融政策依存となり、格差がさらに拡大し、アメリカの社会・経済がますます不安定化する、という事態に終わるかも知れない。

以上、本節の内容を短くまとめると、世界全体を覆う国の借金に対する過度の恐怖は、各国政府が必要十分な財政拡大を行うのを邪魔して、金融緩和への依存度を高め、金融の不安定化と格差の拡大を促し、社会・経済を不安定化させる、ということになる。

政府債務の増大が政治問題と化し、なかなか本格的な財政出動に踏み出せないのはアメリカだけではなく、欧州各国も、日本もその例に漏れない。ここで我々が思い出すべきは、通貨発行権で対応できる債務と対応できない債務の違いや、それと経常収支との組み合わせの問題かも知れないし、政府債務をゼロにしたカダフィ政権に、その後どのような運命が待ち受けていたか、ということかも知れない。もしくは、その両方であるかも知れない。

9．「国の借金」問題と税：「経済の安定化」と「格差の是正」

「日本の国の借金は問題ない！」と言うと、「それは間違いだ。際限なく借金できるなら、無税国家ができてしまう」との主張が返ってくることがよくある。これはこれで非常に優れた指摘だと思う。が、これは経済を「カネ」ベースで考えた発想であるとも思う。この問題についても「モノ」ベースで考えれば、まったく違った風景が見えてくる。

仮に、国が借金を無限に増やし、中央銀行がそれを支えるため、紙幣や当座預金を無限に増やし、税金を徴収することなく国家経済を運営するものとしよう。国民は社会保険料すら徴収されることなく、年金や医療、生活保護など、福祉も完全にタダで利用できる。この状態で、誰が汗水垂らして働くであろうか？ もちろん、仕事が生き甲斐という人々もいるだろうが、働かなくても政府が面倒を見てくれるなら、働かない国民が続出するだろう。すると、誰がモノを作るのか？ という話になる。多くの国民が働かず、モノが不足すれば国民は生きていけないからだ。外国から買おうにも、外貨でしか支払いが認められないので、満足に買えない。

カネを与えるにせよ、カネを軍配のように使い、モノ作りに励み、成果を上げた者に重点的に報酬を配分できるなら、「無税国家」でも機能するかも知れない。しかし以下に述べる、格差拡大の抑制や経済の不安定化抑止の機能を考えると、やはり税は必要であると筆者は思う。

格差問題についても「モノ」ベースで考えてみたい。国全体で見ればモノが足りていたとしても、モノが一部の国民にだけ、十分過ぎるほど行き届き、残りの国民には行き届かず、生活に支障をきたすようになれば、まさに格差社会の弊害となってしまう。

格差問題の本質は、「カネが十分に行き渡らないこと」ではなく、カネが行き渡らないことで「生活に必要なモノを十分に手に入れられない状態になる」ことである。

とはいえ、カネでモノが買えることが保証されている限り、カネの配分をうまくやれば、モノの配分もうまくいくはずだ。このとき、所得が多いほど税率が高くなる税制、すなわち、累進税制が効果を発揮する。累進税制なら、所得が多い人々ほど加速度的に税負担が重くなり、所得が低い人々ほど加速度的に税負担が小さくなる。

こうした税制は、格差拡大を緩和する効果を持つ。

フランスの経済学者トマ・ピケティは資産規模が大きいほど、その資産から得られる不労所得の収益率が高くなる、つまり、金持ちほどより効率的に金持ちになりやすいことで、資産格差が加速度的に高まると指摘している。[※8] そして、この状態を解消するには、所得への課税ではなく、資産規模に対する累進税を提言する。例えば「100万ユーロ（1ユーロ130円とすれば1・3億円）以下の財産には0・1か0・5％、100～500万ユーロ（同1・3〜6・5億円）の財産には1％、500〜1000万ユーロ（6・5〜13億円）に対しては2％、数億や数十億ユーロ（数百億や数千億円）の財産には5か10％」という累進的な税率で資産税・財産税を課すというものだ。このような税制は、「高度な国際協力と地域的な政治統合を必要とする」ので、実施は困難だが、「世界的な富の格差の無制限な拡大を抑える」ことができる、という（『21世紀の資本』山形浩生ほか訳、みすず書房、2014）。

累進税制のもう一つの役割は、景気の過熱や冷え込みを緩和する安定化装置（スタビライザー）としての機能だ。景気が過熱し、インフレが加速するとき、累進税性の仕組みがあれば、全体の所得税率が加速度的に上昇するため、景気の過熱、インフレの加速が抑制される。逆に、景気が冷え込み、デフレが加速するとき、所得税率が加速度的に低下するため、景気の冷え込み、デフレの加速が抑制される。「モノ」ベースで見れば、景気過熱時は人々のカネをモノに替える行動を抑制して、モノ不足状態となることを防ぎ、景気冷え込み時は人々のカネをモノに替える行動を促進して、モノ余り状態となることを防ぐ、という仕組みである。

仮に「無税国家」が実現した場合、政府には基本的に収入がないから、必ず赤字となる（中央銀行であれ、政府であれ、通貨発行を少なくとも形式的に、負債の増加とみなす場合）。景気が過熱し、政府が景気を抑制する必要があるとき、税金がなく、政府が財政黒字に振れるようにする手段がなければ、その抑制の力は非常に弱くなってしまう。それまで続けてきた福祉支出などを突然打ち切るのは、政治的に著しく困難であるからだ。また、無税国家にしてしまうと、貧富の格差の効果的な抑制はいよいよ困難を極め、社会不安のとめどない悪化を放置する結果になりかねない。カネの適正配分＝モノの適正配分による格差抑制や景気安定、という税制の本来的な機能を考えれば、やはり税金は必要だと筆者は考える次第である。

10．消費税の意義：国際的な租税回避防止の一環＝国家主権の強化

「税は必要」と思っていても、「消費税だけは無用」と考える人もいるかも知れない。

消費増税。この四文字を見た読者諸兄諸姉の反応はいかばかりか……。豊臣家滅亡の端緒となった、方広寺の梵鐘《ぼんしょう》に刻み込まれた「国家安康」の四文字のような、呪われた印象を持つ方がほとんどかも知れない。

筆者も、個人としては消費税などなくなったほうがありがたいし、以前はそれほど必要

とも思わなかった。しかし、最近では以下に述べるような理由から、積極的に必要だと考えるようになっている。

消費税は法人税と違い、モノが売れた場所、すなわち、消費地において徴収される。ゆえに、消費税は法人税と違って、多国籍企業の国際的な租税回避が困難という性質がある。多国籍企業にとっては、これから商売しようという国や地域で、法人税率が高くても大した問題ではないが、消費税は、できれば存在しないほうがありがたい。なぜなら法人税は、税率が一番低くなる国や地域の現地法人に利益を最大限配分することで、合法的に回避することも可能だが、消費税は逃げようがないからだ。従って、多国籍企業による国際的な租税回避を防ぐには、法人税を低くし、消費税を高くする選択肢が有効になる。

ただ消費税には、消費性向の高い低所得層にとって負担率が高くなる（逆進性が高い）という大きなデメリットがある。これに対して２０１４年９月のＧ20（主要先進国及び新興国の財務大臣と中央銀行総裁会議）会合で出された共同声明の参考資料（Growth Friendly Fiscal Policy, IMF Note, September 2014）では、「(消費税は）逆進性があるため平等性を犠牲にする（＝格差を拡大する）」が、低所得層の勤労所得の所得税を軽くすることで逆進性を緩和するとともに、消費増税と勤労所得減税の組み合わせによって非労働者よりも労働者が有利となる状況を作り出し、非労働者が労働に参加するインセンティブ（動機付け）を生じることで労働力の減少の問題に対処する、という提案がなされている。

また、同資料では、法人税は企業の設備投資の意欲を損なうが、消費税は設備投資の意欲を損なわない、としている。企業が設備投資を行っても、法人税の計算上、費用とはならないので、法人税の課税所得は減らず、設備投資してもしなくても税負担は変わらない（厳密には設備投資後に毎年、減価償却で費用化でき、その際に法人税負担が減ることになるが、設備投資したとき、すぐに費用化できない場合が多く、それは資金繰りの点で不利となる）。

他方で、消費税は仕入税額控除の仕組みがあるから、投資支出を行ったその年に、仕入れのときに支払った消費税額の分だけ消費税負担が減額され、あるいは還付されるため、設備投資を阻害しない、という理屈だ。

よって、消費税は法人税と比べて、国内での設備投資増加（＝モノ作り能力強化）を促しやすい点と、国際的な租税回避を行いにくい点で有利と言える（ただし、消費税には逆進性という欠点があるので、低所得層、特に低所得勤労者層や中小零細企業などへの、しっかりした手当が必要だ。また消費増税は、一般消費者の消費意欲を減退させて総需要を減らし、企業の売上に悪影響を及ぼす、という経路で企業の設備投資意欲を減退させかねない点にも留意が必要である）。

現在の世界的な流れは、法人税を低くし、消費税を高くする方向だ。[※9] もし日本だけが高法人税、低消費税の税制となる一方、日本以外の世界各国が低法人税、高消費税となったなら、企業は、他の条件が同じならば日本国内より海外で、研究所や工場を増やそうとするだろう。場合によっては、本社もろとも移転してしまうかも知れない。

少数派ながら、法人税負担を小さくするため、本社の海外移転を検討する日本の中小企業も存在する。税率の高い日本国内の拠点で計上すべき利益と、税率の低い海外拠点で計上できる利益の配分を決める方法はかなり複雑であるが、基本的には研究拠点や製造拠点、統括拠点、本社を現地に移せば、税法上、課税対象となる利益を何ら問題なく、その海外の国でより多く計上できる。このようにすれば、企業グループ全体としての法人税負担を、合法的に少なくすることが可能なのだ。[※10]

単純化すると、消費税は消費地（最終販売先）で負担する一方、法人税は主として研究拠点や製造拠点、統括拠点、もしくは本社所在地での負担となる。最終販売地は変えられないが、研究、製造、統括拠点や本社は変えられる（頻繁に、というわけにはいかないが）。よって、法人税の低い場所に拠点を移すのが合理的となる。もしそのように判断する企業が増えれば、それは雇用機会とモノ作り能力の国外流出増につながる。

現状の世界で、日本だけが消費税を低く、法人税を高くするならば、（1）拠点が海外に流出するリスクと、（2）法人税の低い国に拠点を持つ企業との競争で不利になるリスクにより、長期的に、日本の競争力は低下を免れないだろう。

特に「（2）法人税の低い国に拠点を持つ企業との競争で不利」について、毎年のように海外企業との累積利益の差が開いてゆく点に注意が必要だ。毎年の法人税の差額分だけ、法人税の安い国の企業は高い国の企業よりも、研究開発、有能な人材の確保、製造設備増強による規模の利益、販売促進などに回せる金額の面で有利になる。長期的には指数関数的に効いてくるから、10年、20年、30年と続けば、彼我《ひが》の格差はとてつもなく大きなものになるだろう。[※11]

法人税率が高い国の企業は、低い国の企業に対する競争力を長期的には完全に失い、廃業するか、あるいは、法人税率の低い国の企業に吸収合併されるまで追い込まれる可能性がある。法人税の、こうした利益の長期累積による指数関数的な影響についての議論は、あまりなされていないように思われる。

消費税のデメリットは先述したとおり、（1）富裕層ほど税負担率が低く、低所得層ほど負担率が高くなる逆進性と（2）景気調節機能の弱さ（累進税なら景気の過熱時に加速度的に税負担率が上昇して景気過熱を抑制し、景気の減速時には加速度的に税負担率が低下して景気減速を軽減する自動安定化機能があるが、消費税はこれが弱い）の二点となる。

それをのりこえて消費税を推進する場合、（1）勤労所得減税とのセットで労働参加へのインセンティブ（動機付け）を高めることと、（2）多国籍企業の租税回避の防止強化をその根拠としつつ、（3）消費税の欠点＝逆進性による悪影響の緩和策（低所得層や中小零細企業対策）を講じるのが妥当だろう。

次に、消費税の意義として最も重要と思われる、「国際的租税回避の防止」について、現在の世界的な潮流がどうなっているのか、述べておきたい。

近年のG20会合では、「国際的租税回避の防止」や「公正で現代的な国際的税制」というテーマが、必ず共同声明に盛り込まれる。２０１４年7月1日、アメリカで施行されたＦＡＴＣＡ《ファトカ》（外国口座税務コンプライアンス法）で、アメリカ国籍の個人も企業も国際的な脱税が困難になり、世界中のタックス・ヘイブン（租税回避地、税率がほかの国や地域と比べて著しく低いような国や地域）が締め付けられることになった。国際政治学者の藤井厳喜氏は、ＦＡＴＣＡについて以下のように説明している（菅沼光弘、藤井厳喜『世界経済の支配構造が崩壊する』ビジネス社、２０１５）。

今後は、米国外の銀行、証券会社、保険会社は元より、ヘッジファンドなどの資産運用会社も、顧客の口座の残高が5万ドルを超える場合には、その口座の最終受益者が米国の市民か居住者か法人であるかを常に確認し、そうであった場合には、米国の内国歳入庁に口座の詳細を報告する義務を負うことになる。（中略）それを拒否する外国の金融機関には、罰則として、米国の証券への投資に対する利息、配当及びその譲渡対価に対して一律30％の源泉徴収税が課される。

これによって、大企業や個人富裕層の脱税だけでなく、テロや麻薬資金、あるいは政治的な裏工作資金も締め付けられる。

世界的な「国際租税回避の防止」の動きは、国境をなくすグローバリゼーションの流れの中で弱体化してきた**国家主権を回復・強化**させる動きである。ちなみに藤井氏は、ウクライナの紛争や「イスラム国（自称）」など中東の紛争は、FATCA推進派（＝国家主権強化派）と反対派（＝国家主権弱体化派）の抗争が表に現れているものだ、という非常に興味深い説を展開している。また、元法務省公安調査庁第2部長の菅沼光弘氏によると、このFAT

CAで従来のタックス・ヘイブンへの締め付けが強まり、北朝鮮が新たなタックス・ヘイブンとして注目の的になっているという。

法人税は国際的な租税回避――FATCAの規制対象となるような非合法の脱税ではなく、完全に合法的な節税――がやりやすく、消費税はやりにくい。

法人税は、企業が拠点を部分的に、もしくは、拠点をまるごと、税率の低い国に引っ越せば、当然、その分だけその企業の納税先が税率の低い国の税務当局に変更され、合法的な節税が可能となる。しかし、法人税と違って、消費税はどの国の企業であろうと、自国で商売する企業には必ず課税・徴税できる。これは日本だけでなく、世界すべての国に当てはまる。よって、今般の世界的な法人減税と消費増税の流れは、世界的な国家主権の回復・強化の流れの一環である、というのが筆者の見解である。

ここまでの第1章、2章の記述をまとめれば、以下のようになる。

- 経済の主役はヒトとモノであり、カネは脇役である。カネの価値を支えるのもヒトとモノである。
- 政府の借金（国の借金）を考える際には、国全体、あるいは世界全体の政府と政府以外（民間）を連結決算した上で、経済は究極的にはカネではなくモノの問題であることを踏まえる必要がある。

- モノさえ充足していれば、外貨建て借金に頼る必要もないし、悪性インフレの心配もなくなる。それゆえ、「国の借金」を増やしてでも技術開発投資や設備・インフラ投資を増やし、国全体としてのモノ作り能力を高めることこそが、結局は政府の財政余裕度を高め、将来の財政破綻や社会・経済不安定化を防ぐことにつながる。
- 将来の財政破綻や社会・経済不安定化を防ぐ観点からは、格差を適正範囲内に収めることも極めて重要だ。リビアのカダフィ政権が、「国の借金ゼロ」であったにもかかわらず内戦勃発・滅亡に至ったことを、決して忘れてはならない。
- 社会・経済の安定に関しては、「国の借金」の大きさより、モノ作り能力や格差指標のほうが圧倒的に重要だ。特に、通貨発行権で対応できない債務の問題がない場合は。

第3章

「世界大恐慌2・0」前夜の世界経済

1．世界経済の現状（2015年秋時点）：既に停滞もしくは景気後退入り

前章までは、主に経済原理の観点から、現在までの世界がどの方向に流れてきたかを解説した。ここからは政治の動向も視野に入れ、今後の世界と日本がどうなるのか、筆者が考える想定シナリオを提示してゆきたい。まず、本稿執筆時点における世界経済の現状を概観しておこう。

IMFは2015年4月時点で、同年の世界全体の名目GDPを前年比マイナスと予測していた。図表35に、IMFデータベースの08年4月版と15年4月版の世界名目GDP（米ドル換算）の推移を示す。興味深いことに、08年4月時点でIMFは、リーマンショックによる翌年の前年比5・2%の落ち込みを予測できておらず、マイナスどころか前年比プラス5・4%の予測だった。つまり10%以上も読み違えていて、2013年まで一貫して成長すると予測していた。

それが2015年4月版では、まだリーマンショックのような事態が起きていないにもかかわらず、早々に15年の世界全体のGDPが、前年比で3・6%落ち込むという推計を

図表35　IMF WEOデータベースの08年4月版と15年4月版の世界名目GDP比較

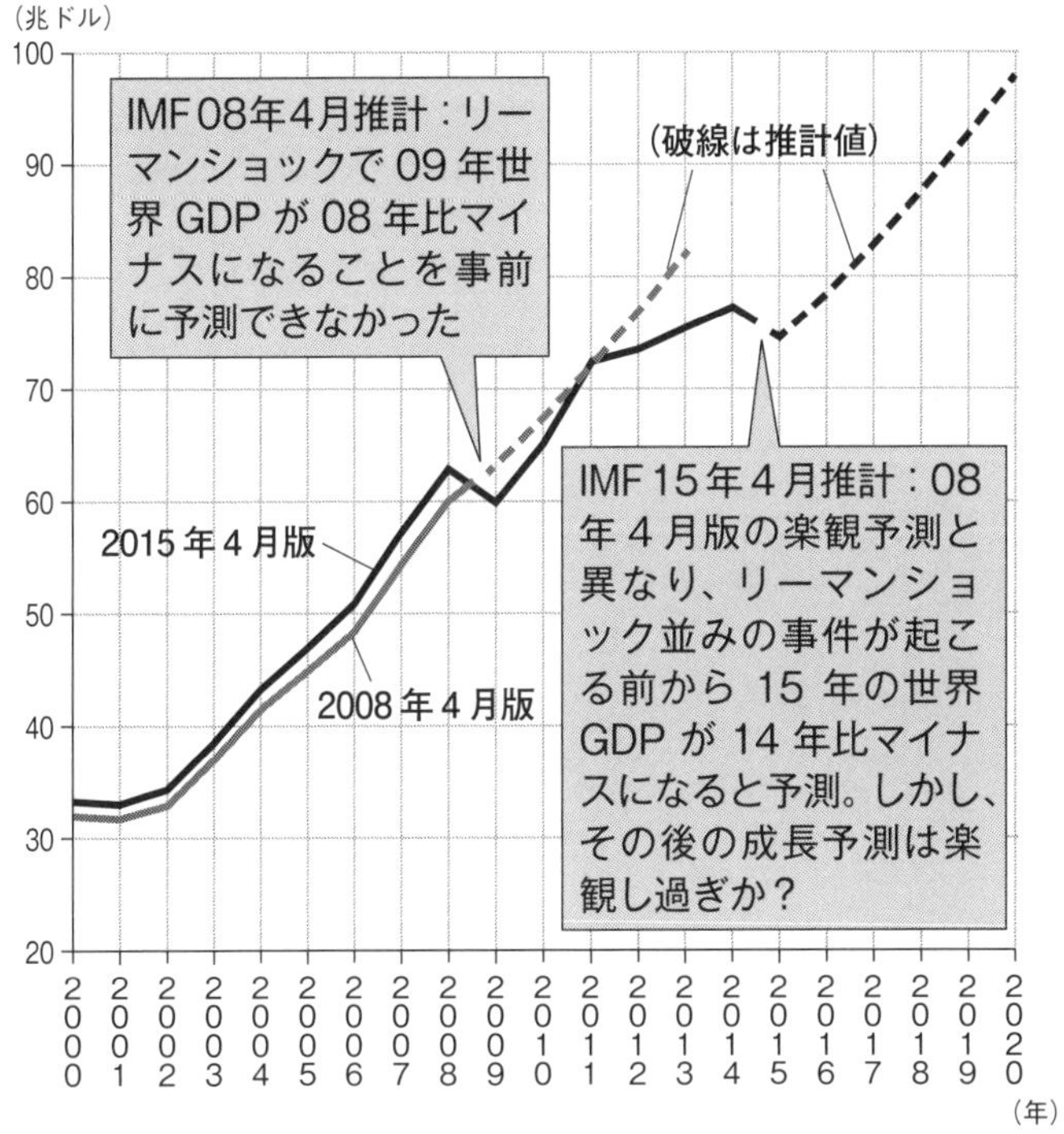

出典：IMF WEO April 2008及びApril 2015

提示している。実際、同年には中国上海総合指数が6月中旬につけた史上最高値から、8月下旬にかけて40％超も下落し、世界中の金融市場が混乱した。

ゆえに15年4月時点で、この年の世界のGDPが前年比マイナスと推計されていたのが、時系列で先だったのは注目に値する。08年4月の楽観的予測に比べると、非常に慎重な予測だ。ただ、これはあくまで名目値であり、IMFは実質GDPではプラス成長を見込んでいる。それでも、企業業績はインフレ率で調整した実質値ではなく名目値（実測値）で算定されることを忘れてはならない。株式投資家は、企業による「名目ではマイナス成長ですが、実質ではプラスです」という説明を素直に受け入れることはない。名目値がマイナス成長となれば、企業業績に打撃を与え、世界的に株価が大幅に下落し、その影響でリーマンショックのような、大きな金融機関の破綻につながり、実体経済も大恐慌状態に突入する、というシナリオもあり得るのである。

2．貿易：先進国は4年以上前に、新興国も1年以上前にピークアウト

次に、OECD加盟国（多くの先進国に加えてメキシコやチリ、トルコなどの新興国を加えた

34ヵ国）と、ＢＲＩＩＣＳ（ブラジル、ロシア、インド、インドネシア、中国、南アフリカ）の財の輸出額、輸入額の推移を見てみよう。なお「財」とは経済学用語でモノのことである（サービスは含まない）。ＯＥＣＤ加盟国とＢＲＩＩＣＳで世界全体の名目ＧＤＰの83・4％を占める（２０１４年時点、ドル換算）ので、これだけで世界全体の財の貿易状況の傾向は把握できると考えられる。

図表36に示したように、ＯＥＣＤの輸出は２０１１年８月にピークアウトしており、輸入に至ってはリーマンショック前の２００８年７月のピークを上回ることすらなく、横ばい、または下落傾向にある。ここではＧＤＰを、輸入した原材料を加工して生じる付加価値と考えていただきたい。付加価値とは、製品や商品の販売額である売上高から、原材料の仕入れ高を差し引いて計算される粗利益《あらりえき》である。つまり輸入原材料に粗利益＝付加価値を付けて転売することで、ＧＤＰになるということだ。ＢＲＩＩＣＳについても、輸入は２０１３年３月に、輸出は14年１月にそれぞれピークアウトしている。

輸入が増えず、横ばい、もしくは減っている以上、筆者が本稿を執筆している２０１５年秋時点で、世界経済は停滞または景気後退入りしている可能性が高い。もちろん、この輸出入のデータは米ドル換算の名目値であるから、米ドルに対して他の通貨が安くなった

図表36　OECD加盟国とBRIICS諸国 財の輸出入額推移（月別）

2000年1月—2015年6月

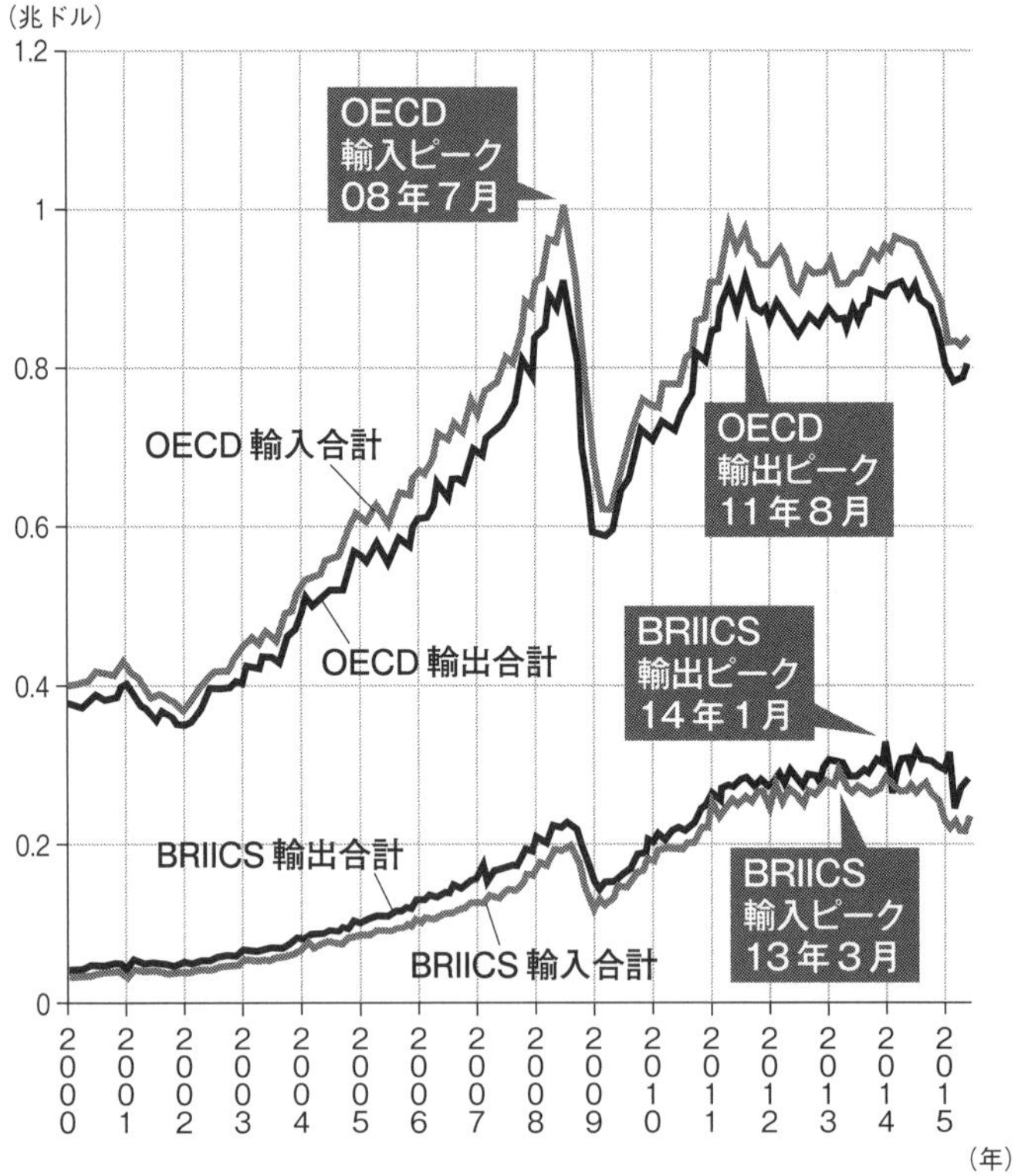

BRIICS：ブラジル、ロシア、インド、インドネシア、中国、南アフリカ

出典：OECD.Stat

り、世界全般における物価下落の影響により、物量ベースでは実は増加を続けている可能性もある。いずれにせよ、米ドル基準で金銭的に測定された世界的な景気動向――世界最大の経済規模を持つアメリカ経済を左右する、巨大なグローバル企業群の業績の先行きを占う上で最も重要と言える要素――が、落ち込みを見せていることは間違いない。

3．電力量、貨物輸送量で見ると中国のみならず日米欧も景気後退

世界経済は、名目値では縮小過程に入っているが、実質値、つまり物流量ではまだ拡大を続けている可能性はある。検討してみよう。

実際、OECDデータベースによれば、OECD加盟国やG20の実質GDPは、2015年の第2四半期（4－6月期）まで、伸び盛りの様相を呈している（次ページの図表37。なお、この図表37も、2章3節にあったような、物価・為替レート変動の影響を取り除く処理がされている数値のため、直接ほかの国と比較できる）。アメリカも好調のように見える。EUも日本も、一応はリーマンショック前の水準に回復しており、悪くない印象を受ける。

いまや世界第2位の経済規模である中国についても見てみよう。中国もG20の一員なの

で、本来、ＯＥＣＤデータベースにデータがあるはずだが、なぜか掲載がなかったので、中国の国家統計局の数値を図表38に示した。グラフの破線は４四半期移動平均であるが、みごとなまでの直線的な成長だ。グラフの表示期間において、ほぼ一貫して年率７～８％の高度成長となっている。

いや、そのような高度成長をしていることになっている。中国当局の発表する経済成長率（実質ＧＤＰ増加率）は信用ならない、というのが、世界の市場関係者の共通認識である。

英国中央銀行の金融政策委員会で外部委員を務めた経歴を持つ、シティグループのチーフエコノミスト、ウィリアム・ブイター氏は、中国の公式成長率を「偽りの公式データ」と呼び、これが年率４％を切れば景気後退と定義し、２０１５年８月の段階で「４・５％かそれ以下に近づいている」と、同国の景気後退入りを示唆している（"China Will Respond Too Late to Avoid Recession, Citigroup Says," Bloomberg, Aug 28, 2015）。関連するロイターの同年８月７日の記事も以下に引用しておく（「中国経済成長率、実際は公式統計の半分以下か　英調査会社が試算」ロイター、２０１５年８月７日）。

ロンドンに拠点を構える独立系調査会社ファゾム・コンサルティングのエリック・ブ

図表37　実質GDP推移

（PPP固定、2010年米ドル換算）

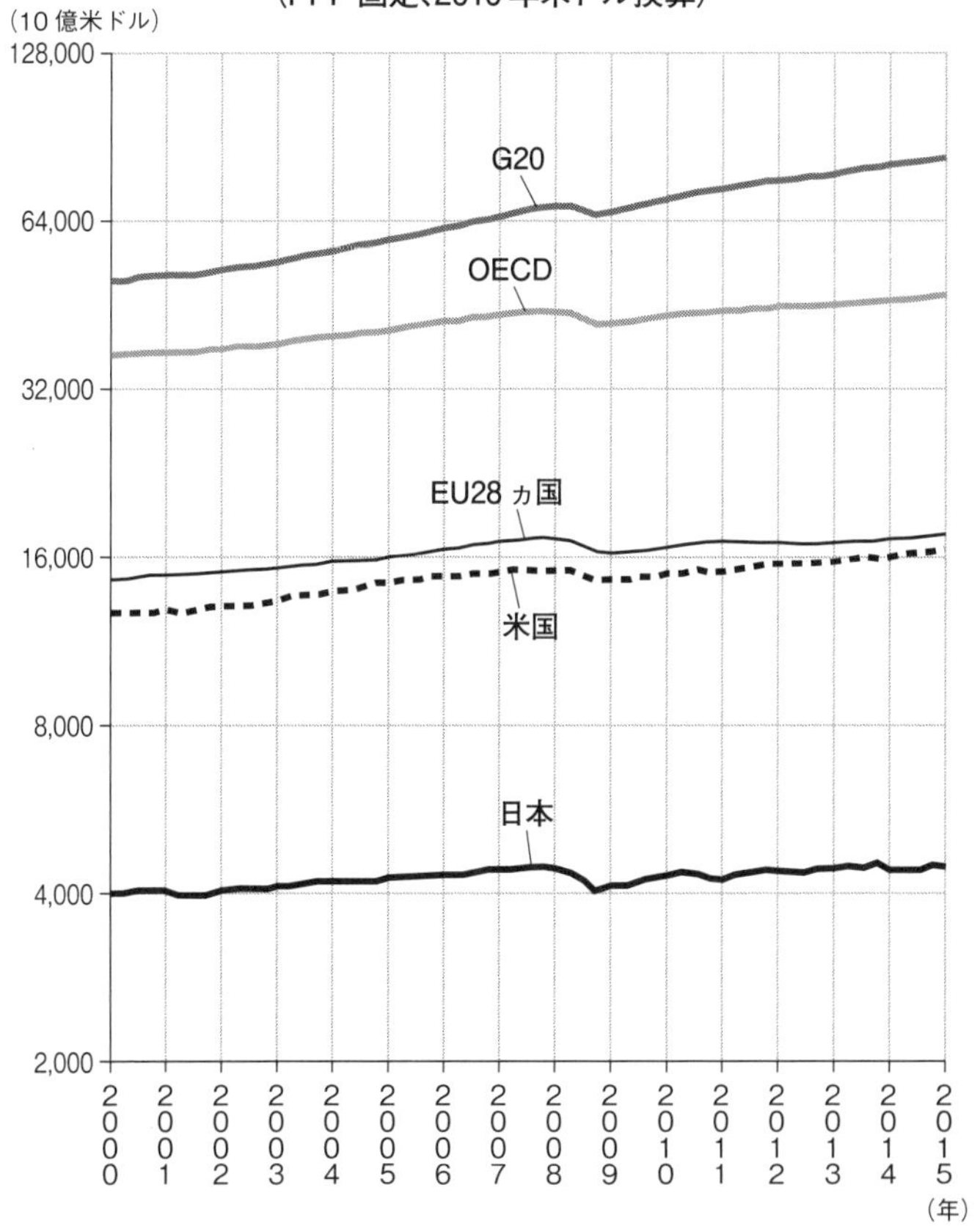

出典：OECD.Stat - Gross domestic product - expenditure approach > US dollars, volume estimates, fixed PPPs, OECD reference year, annual levels, seasonally adjusted"

図表38　中国の実質GDP推移

（シティグループのチーフエコノミストが「偽りの公式データ」と呼ぶ中国当局の公式データ）

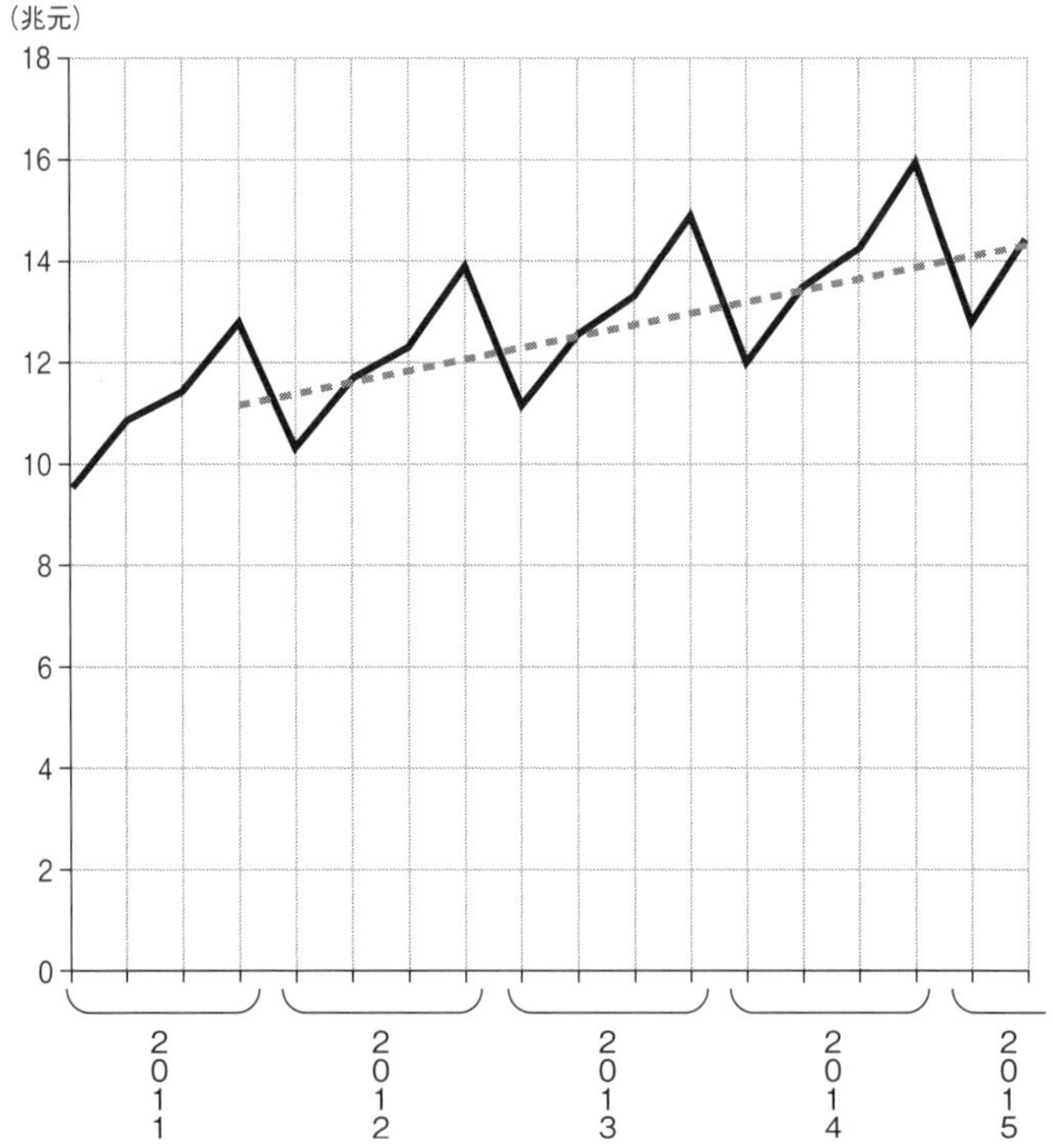

出典：国家統計局　季度数据＞国家経済核算＞国内生産総値（不変価）

リトン氏は「中国の公式統計はファンタジーだと考えており、真実に近いということもない」と話す。

同社は昨年、公式ＧＤＰの予想を公表するのをやめ、実際の成長率とみなす数値を公表することを決めた。それによると、今年の中国成長率は２・８％、２０１６年はわずか１・０％にとどまると予想している。

内部告発サイト「ウィキリークス」が公開した米外交公電によると、現在は中国首相を務める**李克強**氏が、遼寧省党委書記を務めていた数年前、中国のＧＤＰ統計は「人為的」であるため信頼できないと語ったとされる。

ファゾム・コンサルティングは、李克強氏が当時、遼寧省の経済評価の際に重視するとした**電力消費、鉄道貨物量および銀行融資**の３つのデータを基にした、全国レベルのシンプルな指標を公表している。

それによると、実際の成長率は３・２％であることが示唆されている。鉄道貨物量の減少、トレンド成長を下回る電力消費を反映し、示唆された成長率は２０１３年終盤以降、公式統計から大幅にかい離している。

国家統計局にコメントを求めたが、回答はなかった。（以上、引用終わり）

中国共産党政権のナンバー2も、当局発表の経済成長率を信用していないのだから、やはり偽りなのだろう。しかし、李克強首相（国務院総理）が重視しているという、「電力消費、鉄道貨物量および銀行融資」の拡大こそ経済成長だという考え方は、「モノの生産量の拡大と負債の拡大が経済成長だ」という基本原理に忠実であり、同首相のマクロ経済に対する理解の深さを物語っている。

ここで、モノの生産量、あるいは物流の拡大こそ経済成長だという視点で、「銀行融資」以外の「電力消費、鉄道貨物量」の二つを見てみよう。筆者はこれらが中国のみならず、他の国でも重視すべき指標だと考えている。なぜなら、この二つのほうが、勢いよく伸び続けている各国の実質GDPのデータよりも、世界的に減速している名目GDPや名目の輸出入のデータと整合性が取れているように思えるからだ。

図表39に日、米、中、欧州（EU27ヵ国）の電力量12ヵ月累積値の推移を示した。※12 日、米、欧はいずれも2008年のリーマンショック前の最大値を更新できておらず、横ばい、もしくは下落傾向だ。日本の最新値（2015年7月）はグラフ表示できるデータの最低値であり、08年8月の最大値から11％も減少している。

図表39　電力量　推移(12ヵ月累積値)

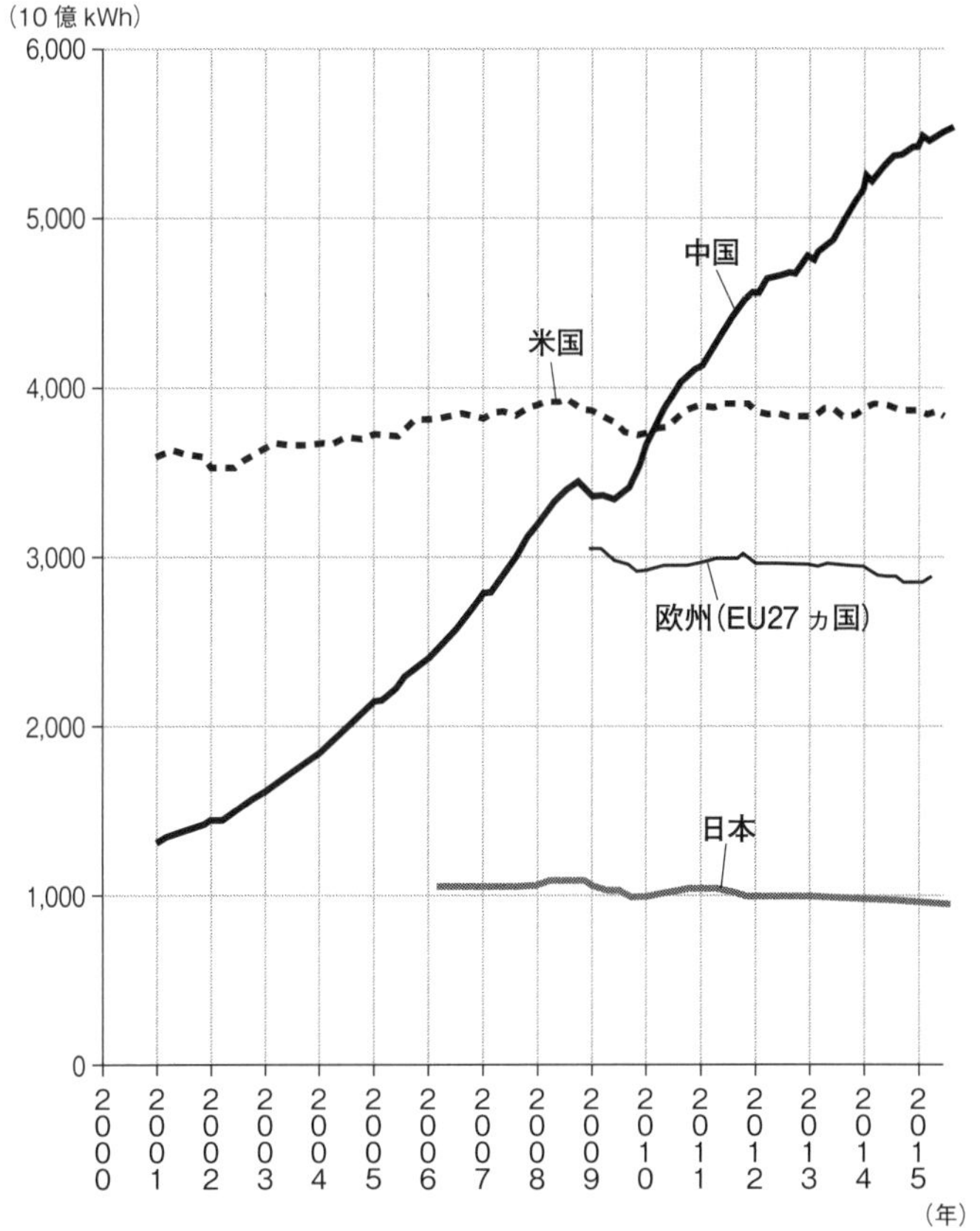

出典：日本 - 資源エネルギー庁 電力調査統計「総需要速報概要」
　　平成18年4月版〜平成27年7月版
米国 - エネルギー情報局(EIA) Monthly Energy Review>Electricity>Electricity end use
欧州 - Eurostat　Supply of electricity > Available for the internal market
中国 - 国家統計局　月度数据　工業主要産品産量 >発電量

もっとも日本では、２０１１年3月の東日本大震災による福島第一原発での事故発生以来、電力価格の高騰で節電・省エネが進み、電力利用が効率化した可能性はある。欧州においても福島の事故の影響でドイツが脱原発を決めたことで、同様の事情があるのかも知れない。しかし、アメリカはどうだろうか？　米国の実質ＧＤＰは、リーマンショック前の最大値（07年第4四半期）に比べて、15年第2四半期は8・9％も増加している（図表37のデータから計算）。一方で電力量は、ショック前の最大値（08年7月）に比べて、15年5月は2・1％減少している。この7年間でアメリカ人が、単純に考えて11％（＝8・9％＋2・1％）程度、電気を効率よく使いこなせるようになった可能性ももちろんある。が、後述する鉄道貨物輸送量の低迷などを加味すると、複雑で膨大な集計と計算が必要な実質ＧＤＰが、実は経済活動の実態をうまく表現できていない可能性のほうが高い、と筆者は見る。

中国では、リーマンショック後もずっと、電力量の拡大が続いていた。図表39のデータを信頼すれば、２００８年から15年にかけて、中国の電力量は日本の総電力量2つ分も増えたことになる。15年に入ってもまだ伸びているが、図表40に示すように、年率で計算した伸び率は11年以降、リーマンショック前のプラス15％前後という高水準からはほど遠く、中国政府が目標とする実質経済成長率のプラス7％を下回ることが多くなっている。最新

図表40　中国：発電量(12ヵ月累積値)の対前年同月比

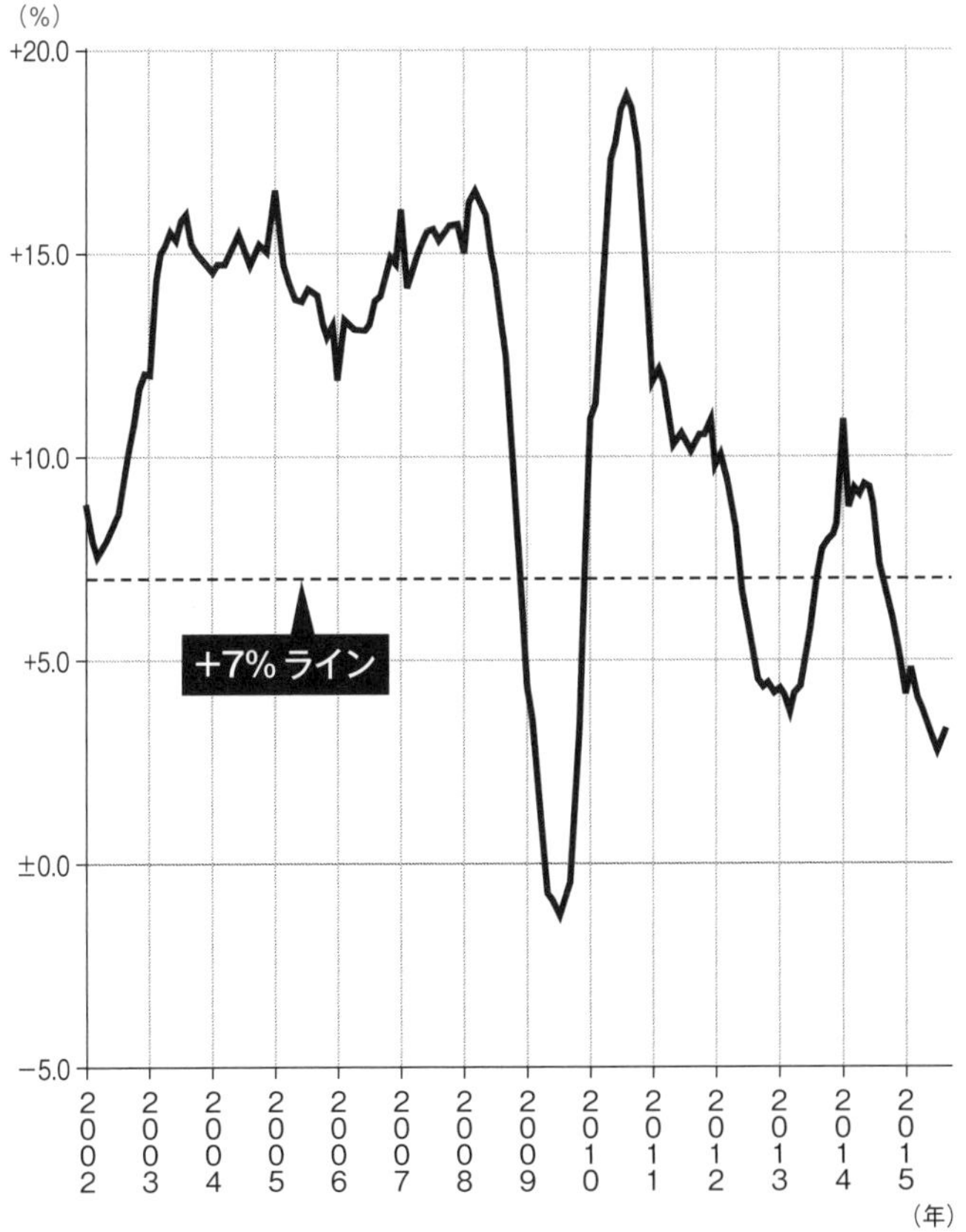

出典：図表39のデータから計算

のデータではプラス3・2％（15年8月）であり、リーマンショック期を除く過去13年で最低の水準だ。

電力量だけを見れば、「日米欧が停滞するなか、中国が世界経済を牽引《けんいん》していたが、それもそろそろ終わりかけている」という仮説を立てることができる。

李克強首相が挙げているもう一つの物量ベースの指標、鉄道貨物の輸送量を見ると、この仮説がさらに強化される。

鉄道貨物輸送量について、日、中、欧は図表41、アメリカは図表42にそれぞれ示した。アメリカ（18億トン前後）と欧州20ヵ国（15億トン前後）はほぼ同水準であるが、横ばいまたは微減の状況が続き、リーマンショック前のピークを越えられない。日本は長期的な下落傾向が続いているが、そもそもの規模が5千万トン前後と小さい。中国はリーマンショック後も増加を続け、ショック前のピークから7億トンを積み増していた――欧州20ヵ国の約半分、つまり、単純に言えば欧州10ヵ国分増えたことになる――が、２０１２年前半に頭打ちとなり、２０１３年末以降は下落傾向にある。

日本の国内貨物輸送の主力は鉄道ではなく、トラックなどの自動車貨物が圧倒的である。実は中国も同じだ。そこで補足資料として、日本と中国の自動車貨物輸送量を図43に示す

図表41　鉄道貨物輸送量の推移(12ヵ月累積値)

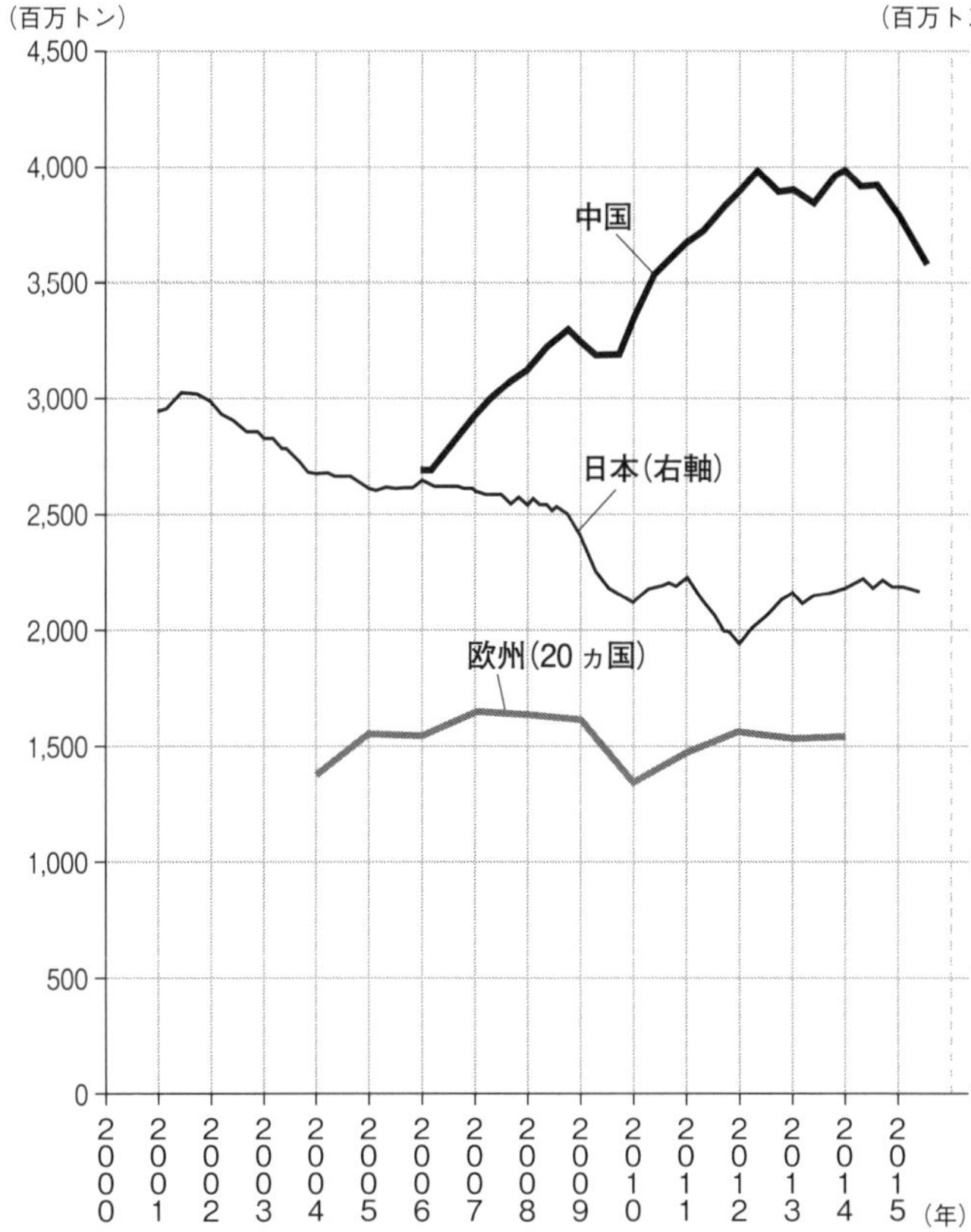

出典：日本 - 国土交通省「鉄道輸送統計月報」平成14年6月版〜平成27年6月版月別データから計算
中国 - 国家統計局　月度数据　「鉄路貨運量」月別データから計算
欧州 - Eurostat "Goods transport by rail" の年次データ。2003年から2013年のデータがある20ヵ国の数値を合計

図表42　米国の鉄道貨物輸送量

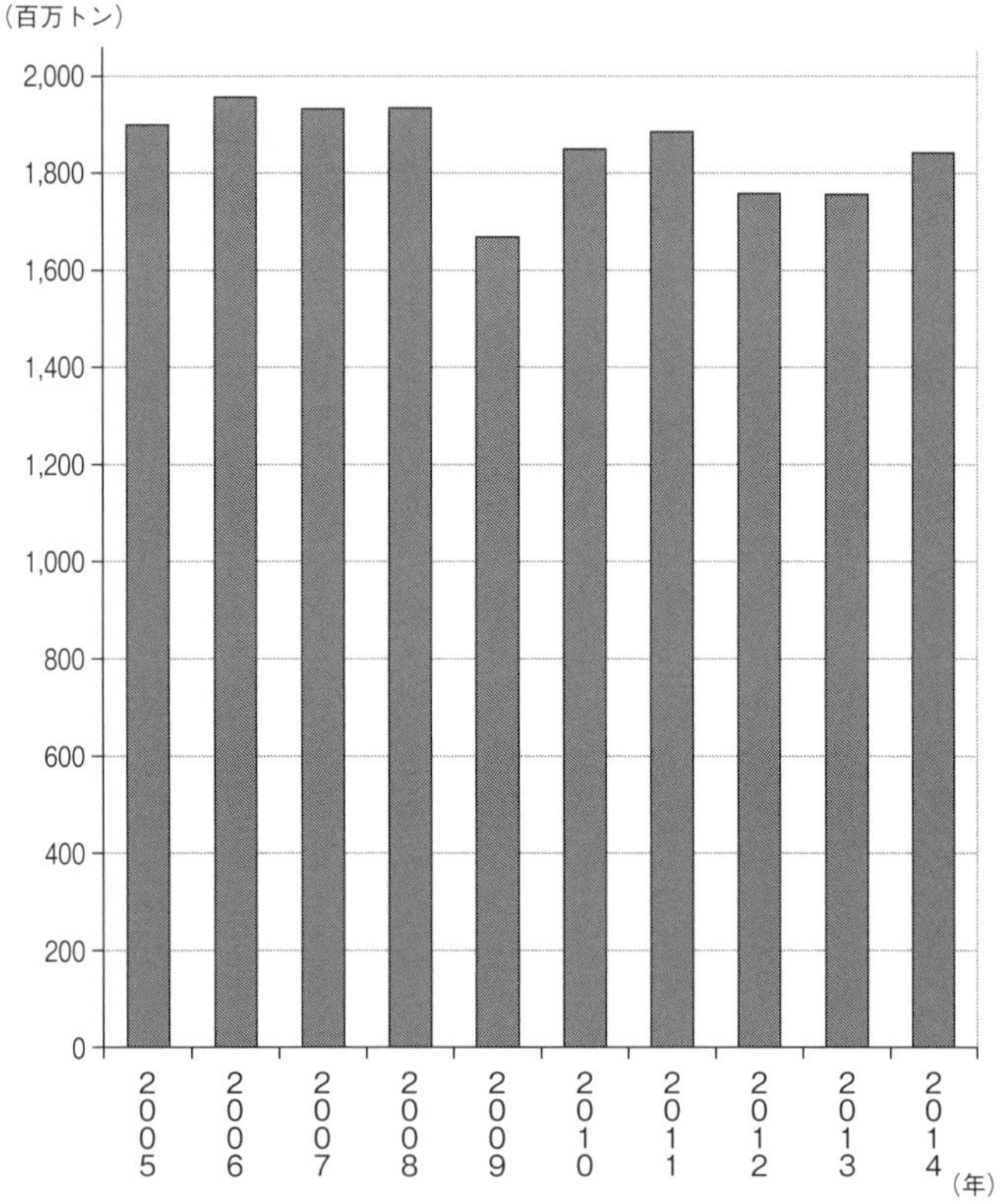

出典：The Association of American Railroads

図表43　自動車貨物輸送量の推移(12ヵ月累積値)

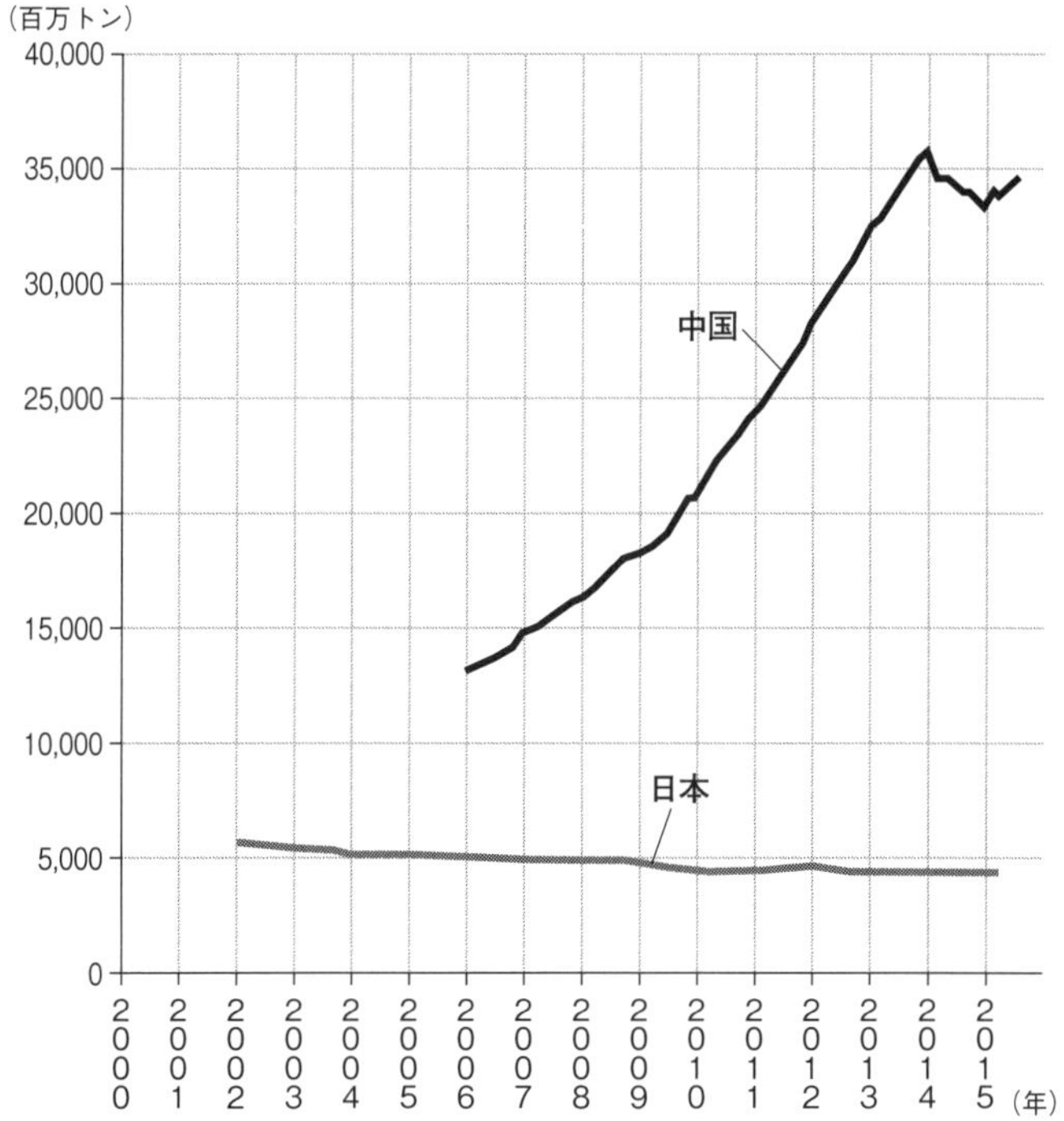

出典：日本 - 国土交通省「自動車輸送統計月報」平成14年3月版〜平成27年3月版月別データから計算
中国 - 国家統計局　月度数据 「公路貨運量」月別データから計算

（欧米はこのデータがそもそも存在しないようだ。欧州はユーロスタットEurostatに掲載されておらず、アメリカも運輸省およびその下部機関のウェブサイトに掲載されていない）。

日本では、自動車貨物もまた鉄道と同様、長期下落傾向にある。中国は２０１３年末にそれまでの一貫した長期上昇傾向から、いきなり下落に転じた。２０１４年後半からは回復傾向にあるが、２０１３年以前の勢いは見られない。

さらに資源価格の代表的指標として、図表44で、ＩＭＦコモディティー（資源・原材料）価格指数を見てみよう。２０１１年前半に、価格上昇は頭打ちとなって横ばいに転じ、14年半ばまでに下落トレンドとなった。全体指数を見ると、15年初頭にはリーマンショック後のピークから、ほぼ半減している。中国で鉄道貨物や自動車貨物量が頭打ちになった時期は、国際的な資源・原材料価格が頭打ちして下落傾向に転じた時期と、ほぼ重なっている。

コモディティー価格の下落は、リーマンショック後も勢いよく拡大していた中国経済が減速に転じたことによる需要減少と、密接な関係があると思われる。そして、コモディティー価格が半減しても、中国の物流量（から推測される経済全体の産出量）の動きが鈍いままであることは、需要不足の深刻さを物語っている。

このような見方は、２０１５年9月に公表された、英国の金融情報企業マークイット

図表44　IMFコモディティー(資源・原材料)価格指数の推移

2000年1月〜2015年8月

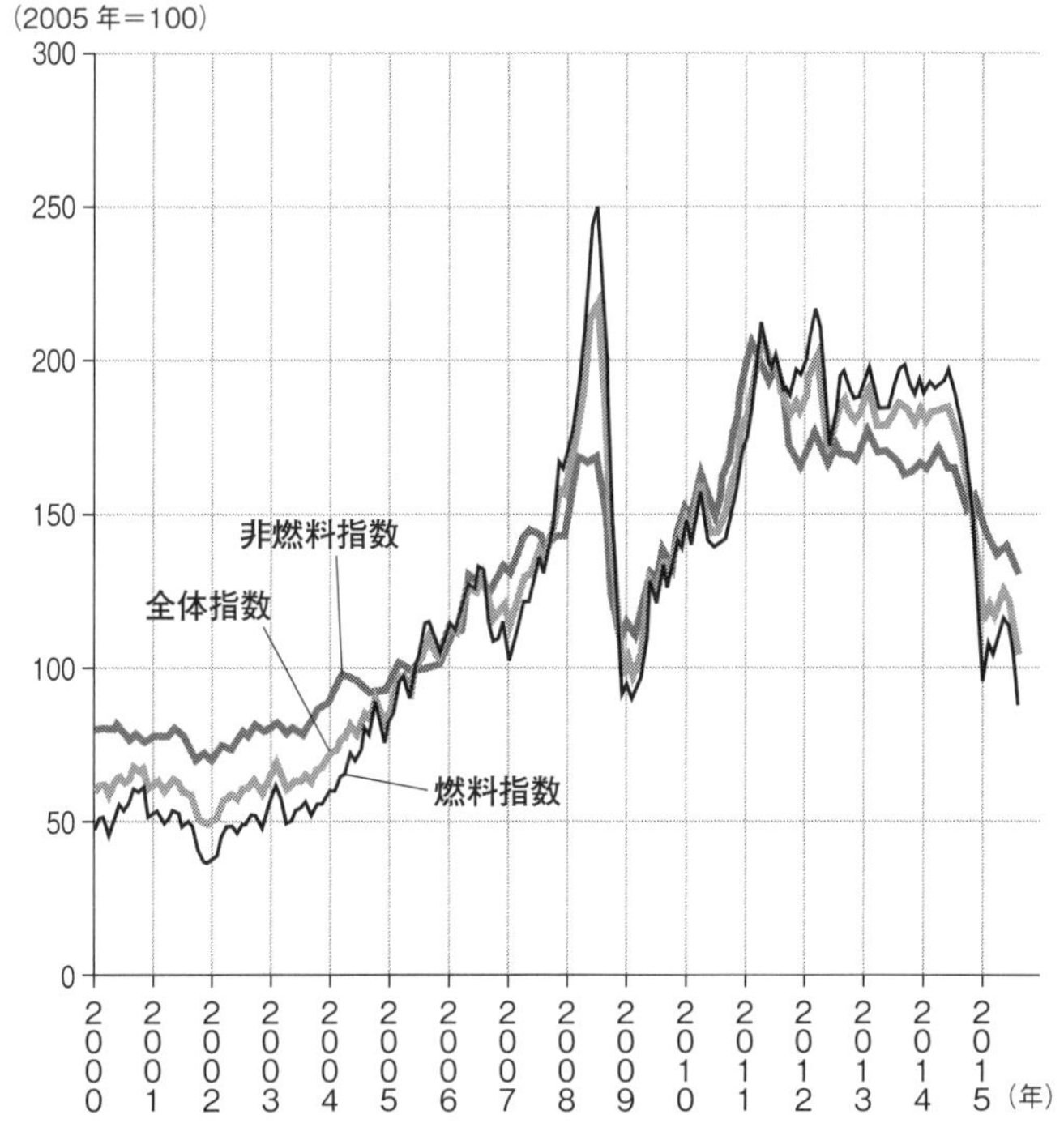

出典：IMF Primary Commodity Prices

（西側メディアは社会科学院の公式数値でなく、世界30ヵ国のＰＭＩを提供するマークイット社の数値を使う）による中国の製造業購買担当者指数（ＰＭＩ）が、景気拡大と縮小の閾値《いきち》である50を7ヵ月連続で下回り、かつ、２００９年3月以来最低であったことからも補強される（"Chinese Factory Gauge Slumps to Lowest Level Since March 2009," Bloomberg, Sep 23, 2015)。

電力量や貨物量という物量ベースで見れば、中国は、間違いなく世界最大の経済規模の国となった。先進国における物量ベースの経済活動が軒並み停滞する中、リーマンショック後も、中国経済は凄まじい規模拡大を続けた。しかし、いまや中国経済も停滞または景気後退にさしかかり、それによって世界全体が需要不足、経済停滞、景気後退に陥っている――これが世界経済の現状（２０１５年秋現在）であろう。

4．恐慌前夜：「世界的な量的緩和の限界」でも財政拡大しない各国政府

前出のシティグループ・ブイター氏は、中国が景気後退に陥るのを防ぐには、政府による財政出動と、中央銀行による国債直接引き受けを組み合わせた景気刺激策を実施するしかないが、李克強首相が繰り返し、「財政出動を避ける」と発言していることから、実施

は困難で、景気後退に陥る可能性が高いと分析している。また、２０１６年に新興国発、とりわけ中国発で世界不況になる確率を55％と予測し、それを防ぐには世界的にさらなる金融緩和と財政出動が必要なのに、ほとんどの高所得国は既に金融緩和の余地が少なく、政治家は財政手段を使いたがらない、とも述べている（"Citigroup Sees 55% Risk of a Global Recession Made in China," Bloomberg, Sep 9, 2015）。

筆者がこの見解に大いに興味を持つ理由は、同氏が英国中央銀行の金利水準決定権者の一人であったという経歴や、いままさに財政出動が必要であると認識していることもあるが、何よりも、民間の債務水準に注意を払っている点にある。

同氏は、中国の民間債務（家計＋非金融企業）のＧＤＰ比が、いまやアメリカより大きくなり、既に制御不能であるが、唯一、銀行と民間企業部門の過剰債務問題を解決できる政府が、実際に民間債務処理に乗り出す可能性が低いため、健全な経済成長は見込み薄と見ている（"Citi's Chief Economist Says China Is 'Financially Out of Control'," Bloomberg, Sep 11, 2015）。

中国政府は２０１５年12月、「中央経済工作会議」（毎年開催される、翌年のマクロ経済政策を決定する会議）で、財政出動の拡大を決定したと報じられた（ロイター「中国が財政出動拡大で景気支援、金融政策より柔軟に」２０１５年12月22日）。しかし、中国の複数の国営メディア記事[※13]を見ると、構造改革による経済不安定化を防ぐため、様子を見ながら財政赤字を拡大するが、その際には支出拡大よりも減税に重点を置く、というのが政府方針と読める。全般的に、「ゾンビ企業」排除など痛みを伴う構造改革を断行する点が強調され、財政拡大に関する記述は極めて少ない（記事によっては触れてすらいない）。中国首脳部の主目的は構造改革＝権力構造の転換・権力集中化ではないかと筆者は見る。この文脈における中国の財政拡大は、世界経済全体の減速を打ち消すほどには、ならないだろう。

世界経済は需要不足によって停滞し、それを打破する各国中央銀行の金融緩和はもう限界、各国政府の財政支出拡大が必要なのに、政治家は財政支出増に消極的である。近い将来における世界恐慌入りの可能性はかなり高い、と言える。

過剰な金融緩和のリスクや限界については、国際決済銀行（ＢＩＳ）の年次報告書やG20の共同声明でも、もはや公然と語られるようになった。

ＢＩＳの年次報告書では、持続的な「超低金利」は「銀行の利ザヤや短期負債（預金）を長期債権（貸付金）で運用する利得を損ない、銀行のバランスシートと信用（貸付金など）の供給を潜在的に弱体化」し、「保険会社や年金基金の利益と安全性を損なう」など、「金融システムに重大な損害を負わせ得る」、としている[※14]（Bank for International Settlements, "85th

Annual Report: 1 April 2014–31 March 2015," June 28, 2015)。
２０１５年９月５日のＧ20共同声明には、以下のような文言が盛り込まれた。

> 金融緩和だけではバランスある成長は達成できない。（略）我々は維持可能な道筋に債務ＧＤＰ比をおきつつも、成長と雇用創造を支援するために、短期的な経済状況を考慮して**柔軟な財政政策を実施**する。

世界の主要国の財務大臣と中央銀行総裁が、金融緩和一辺倒ではバランスの取れた成長はできず、財政出動が必要だという考えに、少なくとも表向きは賛成しているわけだ。

とはいえ現実には、先述のブイター氏が指摘するように、各国の財政出動は期待できない。日本ではＧ20出席からひと月も経たない９月25日、麻生財務大臣と安倍総理が、「現時点では」補正予算による景気対策は考えていないと表明している。[※15]

アメリカではオバマ大統領と、議会多数派の共和党のねじれ現象により、２０１３年10月の16日間、政府機関が閉鎖されたときのように、またもや予算法案が綱渡り状態という瀬戸際の政治状況で、財政出動による景気対策など論外である（"Boehner Backs McCarthy,

Starting Race for Republican Control," Bloomberg, Sep 25, 2015)。

中国財政部がG20閉幕3日後に公表したリリース「緩やかな成長を支えるための財政」(中華人民共和国財政部総合司「財政支持穏増長的政策措施」2015年9月8日)の「積極財政」と銘打った項目では、政府歳出を前年比10・6%増やし、予算消化の進捗を前年比で前倒しする、今後の対策として予算消化の進捗をさらに前倒しする、と書いてある程度で、結局、当初予算比で大規模な財政拡大をする記述はなかった。

欧州最大の経済規模を持つドイツについては、憲法で財政赤字が禁じられているから、補正予算で景気対策など、もってのほかだろう。

つまり、G20行動声明の「我々は……柔軟な財政政策を実施する」の実情は「総論賛成・各論反対」であり、まさに絵に描いた餅である。世界主要国の財務大臣・中央銀行総裁は、現在の世界経済には各国政府の財政拡大が必要で、景気がそれほど悪い、と認識しているにもかかわらず、財政拡大には踏み込まない。

つまり世界経済は、政治的に「世界大恐慌2・0」――1929年の大恐慌以来2回目であり、かつ1回目をはるかに上回る、バージョンアップされた規模になるという意味――に導かれている、と筆者は見る。これは悲劇か、それとも喜劇と言うべきだろうか。

5. アベノミクスの限界：「異次元緩和」の数値的評価

２０１２年12月に発足した第二次安倍政権の経済政策は「アベノミクス」と通称される。本節では同年末ごろを基準に、その前の2年間とその後の2年間、計4年分の数値データで、世界全体の中での日本経済の位置付けを評価し、アベノミクスの検証を試みたい。

まず首相官邸の「アベノミクス『3本の矢』」ウェブサイトから、政策の概要を引用する（http://www.kantei.go.jp/jp/headline/seichosenryaku/sanbonnoya.html）。

第1の矢：大胆な金融政策――金融緩和で流通するお金の量を増やし、デフレマインドを払拭

第2の矢：機動的な財政政策――約10兆円規模の経済対策予算によって、政府が自ら率先して需要を創出

第3の矢：民間投資を喚起する成長戦略――規制緩和等によって、民間企業や個人が真の実力を発揮できる社会へ

アベノミクスを数値データで評価するとき、できるだけ多くの国や地域と比較可能なデータを用い、政策という入力（刺激）と国家経済全体の動向という出力（反応）の関係を検討する。

第1の矢の金融緩和については、マネタリー・ベースが一定期間内にどの程度増減したかで評価する。「金融緩和」とは通常、中央銀行がマネタリー・ベース（紙幣や当座預金など）を増加させて、短期債券の購入を通じて短期金利を低下させる「金融調節」を指す。しかし、短期金利はゼロまで低下すると、それ以上は下げようがない。そこで登場するのがマネタリー・ベースの量を見る「量的緩和」——より長期の債券等の購入を通じて、より長期の金利を低下させる効果を持つ金融政策——である。

金融緩和が通常の金融調節の範疇《はんちゅう》に収まるものであれ、量的緩和にまで踏み込むものであれ、いずれの場合も一定期間におけるマネタリー・ベースの増減の程度によって、各国または地域における緩和の度合いを測ることが可能だと考えられる。

第2の矢の財政出動の評価については、一般政府（中央＋地方＋社会保障基金）の総支出の増加度合いを見る。「総支出」には、GDPに含まれず（＝生産・消費に直接関係しない）、直接の需要創出につながるとは限らない、例えば年金の現金給付などの支出も含まれる。しかし、そのような支出も間接的には需要創出につながるし、総支出はＩＭＦのＷＥＯ（World Economic Outlook Databases）に１８０ヵ国以上のデータがあるため、国際比較が容易だという利便性がある。

第3の矢の成長戦略＝規制緩和については、数値的評価が困難なため、割愛する。

以上から、アベノミクスを評価する上での「入力」の数値データとしては、①マネタリー・ベースの増加度合い、②一般政府総支出の増加度合いの二つを採用する。

これらの「増加度合い」は、各国それぞれの経済規模へのインパクトを測る意味合いと、国際比較を可能にする目的から、ある期間における開始年の当該国ＧＤＰに対する比率（期間増加額÷期間開始年の名目ＧＤＰ）を算定することとした。

一方、「出力」については、これもまた多数の国や地域のデータがある、①実質実効為替レート、②ＧＤＰ世界シェア、③実質ＧＤＰ成長率によって評価する。

図表45に示すように、「大胆な金融緩和」に関して、安倍政権2年間（２０１２年→14年）におけるマネタリー・ベース増加の度合いは、安倍政権前2年間（２０１０年→12年）に比べて圧倒的に大きく、世界第1位だった。まさに「大胆な金融政策」の名にふさわしい。

図表45 アベノミクス「入力(刺激)編」

マネタリーベース増加÷期初の名目GDP			
2010年→2012年		2012年→2014年	
日本 (115ヵ国中35位)	+5.8%	日本 (115ヵ国中1位)	+28.5%
世界中央値	+2.7%	世界中央値	+2.0%
アメリカ	+4.7%	アメリカ	+7.9%
ユーロ圏	+7.3%	ユーロ圏	−4.8%
中国	+16.8%	中国	+7.9%
ロシア	+3.6%	ロシア	+2.4%

一般政府総支出÷期初の名目GDP			
2010年→2012年		2012年→2014年	
日本 (187ヵ国中166位)	+0.4%	日本 (188ヵ国中141位)	+1.5%
世界中央値	+5.3%	世界中央値	+3.7%
アメリカ	+0.7%	アメリカ	+1.8%
ドイツ	+0.8%	ドイツ	+2.2%
中国	+10.9%	中国	+7.3%
ロシア	+12.0%	ロシア	+6.5%

出典：IMF IFS, IMF WEO, Eurostat から計算

図表46 アベノミクス「出力(反応)編」

実質実効為替レート変化率(順位は下落順)			
2010年→2012年		2012年→2014年	
日本 (95ヵ国中52位)	+0.5%	日本 (95ヵ国中2位)	−25.3%
世界中央値	+0.1%	世界中央値	+1.3%
アメリカ	−2.0%	アメリカ	+3.3%
ユーロ圏	−5.7%	ユーロ圏	+4.3%
中国	+8.4%	中国	+9.8%
ロシア	+6.4%	ロシア	−6.9%

実質GDP成長率(年率)			
2010年→2012年		2012年→2014年	
日本 (187ヵ国中159位)	+0.6%	日本 (188ヵ国中159位)	+0.8%
世界中央値	+3.6%	世界中央値	+3.1%
アメリカ	+2.0%	アメリカ	+2.3%
ドイツ	+2.1%	ドイツ	+0.9%
中国	+8.5%	中国	+7.6%
ロシア	+3.8%	ロシア	+1.0%

ドル換算名目GDPの世界シェア			
	2010	2012	2014
日本	8.4% (188ヵ国中3位)	8.1% (188ヵ国中3位)	6.0% (187ヵ国中3位)
世界中央値	0.04%	0.04%	0.04%
アメリカ	22.9%	22.0%	22.5%
ドイツ	5.2%	4.8%	5.0%
中国	9.1%	11.4%	13.4%
ロシア	2.3%	2.7%	2.4%

出典：IMF IFS, IMF WEO Apr.2015 から計算

「機動的な財政政策」に関して、政府総支出の増加度合いは、安倍政権前の2年間と比べ、一応は大きくなっている。しかし、世界全体では166位から141位に上昇した程度だ。2012年→14年の日本の数値は、世界の中央値（真ん中の順位になる数値）プラス3・7％の半分以下であり、米、独、中、露のいずれの国よりも小さかった。

2012年→14年の他国の傾向を少し見ておくと、アメリカが日本と同様、マネタリー・ベースの増加度合いが世界中央値を上回り、政府総支出の増加度合いは世界中央値を下回っている。一方、中国、ロシアは両数値とも、世界中央値を上回る。

次に図表46「出力」のデータを見てみよう。第二次安倍政権最初の2年間、日本の実質実効為替レートの下落幅は世界第2位だった。ちなみに1位は西側諸国から厳しい経済制裁を受けていたイラン（日本とほぼ同率のマイナス25・3％）、3位はクーデターで大統領が追放され、クリミア問題で内戦となったウクライナ（マイナス23・8％）であった。つまり安倍政権以前2年間と比べて、著しい円安に振れた。

これは輸出にとって追い風だったが、同時に世界におけるGDPシェアの低下という代償をもたらした。中国と比較して、2010年の日中両国のGDPシェアはほぼ同じだったのに、14年には倍以上の差がついた。

しかし、その代償のおかげで、実質GDP成長率は前の2年間よりも改善した。ただ、2012年→14年の実質GDP成長率はプラス0・8%に留まり、前2年間のプラス0・6%からの改善幅は小さく、残念ながら世界的にかなり低い水準で、順位も159位のまま変わらなかった。これが客観的事実である。

なお、実質GDP統計は前々節で見たように、中国のデータはまったく信用できず、日、米、欧など先進国についても、実体的な景況感を示していない可能性があるものの、世界の中での日本の経済成長率の相対的位置付けを見るには、それなりに有効だと思われる。

「入力」の傾向が日本と似ていた、つまり、規模の大きな金融緩和と控えめな政府需要創出の組み合わせだったアメリカの「出力」を見てみよう。2010年から14年において、米国の実質実効為替レートの変化は小さかったが、実質成長率はプラス2%程度で、安定的に推移した。為替安の恩恵も、政府支出もあまり増加しなかったにもかかわらず、順調な成長を遂げた背景には、相対的に大きな民間需要の存在があったと考えられる。

アメリカと比べて、日本は、世界最大級の急速な金融緩和と控えめな政府需要創出の組み合わせであり、以前と比べれば若干ましにはなったものの、残念ながらあまり芳しい経済成長は達成できなかった。つまり、民間に旺盛な需要が存在しなかった。民間の支出意欲が２０１４年４月の消費増税で削がれた結果かも知れないが、もしそうなら、その増税による需要減を補うための総合的な需要創出の工夫をもっとすべきだった、と言える。

Ｇ20共同声明の言葉を借りれば、日本経済の現状（２０１５年秋現在）は、まさに「金融緩和だけではバランスある成長を達成できない」状況で、「成長と雇用創造を支援するために、短期的な経済状況を考慮して柔軟な財政政策を実施する」必要がある局面だと言えよう。

先ほども取り上げた２０１５年９月25日記者会見における安倍総理の発言では、「現時点では考えていないが、経済動向をよく注視して機動的な経済財政運営によって万全を期していく」とある。端的に言えば、「世界大恐慌２・０」が実際に起きるまでは何もしないが、起きたときはしっかり対処する、という意思表示かも知れない。

この政治状況について、シティグループのストラテジスト、イングランダー氏は「中央銀行があからさまに政府債務直接引受けを是認することは政治的に困難であるが、新たな危機では（政府の財政政策を円滑に推進するために）すみやかに黙認するだろう。ＦＲＢは比較的早く、日銀は喜んで、ＥＣＢはユーロ否定派の撃退を狙って」と述べている（"Citigroup Strategist: Central Banks Will Try to Monetize Government Debt When the Next Crisis Hits," Bloomberg,

Sep 23, 2015)。

なお、「中央銀行の政府債務直接引受け」ができないというのは、完全なる建て前に過ぎない。敗戦後の復興資金をまかなうため、日銀は法律の抜け穴をかいくぐり、政府債務の直接引き受けを大々的に行った（第2章参照）という事実が、それを雄弁に物語っている。しかしながら政治的には、危機が実際に起こるまで、この建て前は遵守しなければならない、と言ったところか。

一般的に警察組織は、民事不介入の原則を遵守しなければならず、事件がいまにも起きそうな時でも、実際に事件が起こるまでは動けない。それと同様に各国政府は、世界経済における「事件」がいまにも起きそうであっても、事前に動くことはなさそうだ。

6．世界的金融緩和で蝕まれる世界経済

１９８７年から２００６年まで、20年にもわたってＦＲＢ議長を務めたグリーンスパン氏は、２０１５年７月から８月にかけ、金融緩和は過剰であり、現状の金融市場は極めて不安定な状態だという主旨の発言を繰り返した。

例えば、「債券バブルが進行中」の債券価格は「極度に不安定な状態」であり、投資家の意思決定は行動経済学（要は心理学）が中心だから、「08年は何かが起きていると知っていたが、他の人々同様、正確な日付までは分からなかった」とブルームバーグに語っている。また、ＦＯＸテレビのインタビューでは「正常な金利は４％から５％」、「金利の正常化はゆっくりか、急激な動きとなる。歴史は前者よりも後者のほうが多い傾向にあると教えている」と述べている。ＣＮＢＣのインタビューでは「現在は長期的な不況」であり、「債券はバブル、金利水準が低過ぎ、債券価格は割高」であり、「信用（筆者注：端的に言えば、信用創造の仕組みで膨れ上がった市場全体の負債総合計）は心理学の問題であり、２００８年の危機（リーマンショック）においては一晩で消滅した」と述べた。※16

「債券が割高」となったのは、ＦＲＢが金融緩和で米国債を買いまくったからであり、ＦＲＢのやり過ぎた金融緩和で異常な「債券バブル」になっている。そして、バブルの形成も崩壊も最終的には心理学の問題であるから、バブルはある日突然崩壊するだろう、ということだ。

これは前出の２０１１年に公表された、国連開発計画報告書の金融緩和に関する議論——金融緩和に依存し過ぎると、高リスクの投資が促進され、金融が不安定化し、格差拡大を助長するという議論（図表33）――を裏書きする。債券、特に国債が割高となり、利回りが極めて低い水準になると、銀行や保険会社や年金基金は、国債への投資だけでは事業が回らなくなる。すると、国内外の株式や高利回り債券など、高リスクな投資で資金を運用せざるを得ない。世界的な長期にわたる低金利政策は、世界的な金融の不安定化をもたらす。現に不安定化は現実のものとなっており、警告は各所でなされている。

２０１５年８月の国際決済銀行（ＢＩＳ）のワーキングペーパーによれば、新興国経済は従来以上に、先進国の量的緩和の影響を受けやすくなったという。[※17]新興国のドル建て債務合計は２０００年の１兆ドル（１ドル１２０円なら１２０兆円）が15年第１四半期には４・５兆ドル（同５４０兆円）に膨張した。ＦＲＢや日銀などの量的緩和の影響で、世界的に金利が低くなったために、新興国の大企業が国外からの外貨建て低金利資金の借り入れを増やしたからだ。国内大企業という顧客を失った新興国の銀行は、仕方なく国内の小企業や個人客にシフト、比較的リスクの高い小企業、個人客を相手に、低金利での貸し出しを増やしていった。

しかし、本書で既に説明したように、量的緩和はいつまでも続けられるものではない。ＢＩＳの年次報告書にあったように、長く続く超低金利は、金融機関の健全性を著しく損なうし、国連開発計画の報告書にあったように、過剰な金融緩和は金融の不安定化と格差拡大を助長し、社会を不安定化させるからだ。

実際、FRBは2014年10月に量的緩和を終了し、さらに2015年になると、イエレン議長は利上げ意欲を繰り返し表明、ついに12月16日、ゼロ金利政策を終了し、9年半ぶりに引き上げる（目標範囲0・25％〜0・5％）と発表した。FRBの利上げへの世界中の投資家の期待に、中国の景気減速が加わったことで、資源国を中心とする新興国から資金を引き上げる動きが加速し、多くの新興国通貨が対米ドルで急落、モルガンスタンレーは特に懸念される10の通貨を「トラブルド10（Troubled Ten）」と名付けた。

さらに、新興国通貨の急落が欧州の大手金融機関を痛打した。ブルームバーグによれば、イギリスに本拠を置く世界屈指の大銀行であるHSBCホールディングスやスタンダードチャータード銀行、スペインの最大手2行であるサンタンデール銀行とビルバオ・ビスカヤ・アルヘンタリア銀行は「新興市場に軸足を置くことで近年の金融危機を乗り切ることができたが、新興国経済が悪化するとその影響を正面から受けることとなった」（「新興市場に軸足を置く欧州銀、業績見通し悪化に直面――株価下落」ブルームバーグ、2015年9月8日）。

HSBCは2015年6月、最大5万人規模の人員削減計画を発表した（「HSBC、最大5万人削減へ　全世界で事業見直し」ウォール・ストリート・ジャーナル、2015年6月9日)。2015年秋時点で、ドイツ最大の銀行、ドイチェ銀行が従業員の4分の1にあたる2万5000人の解雇を計画しており、イタリアの大手銀行（ユーロ圏最大）であるウニクレーディトや、スイスのクレディスイスも大規模解雇を計画しているとされる("Exclusive - Deutsche Bank to cut workforce by a quarter - sources," Reuters, Sep 14, 2015)。

欧州については、ユーロ圏の中央銀行ＥＣＢがマイナス金利政策に踏み切ったことで、多くの国の国債利回りがマイナスになっていたことも、これら銀行の業績不安定化の原因と考えられる。2015年9月26日時点の欧州各国の国債の利回りを見てみると、

- スペインは満期までの期間が3ヵ月の国債利回りがマイナス、
- スウェーデン、スロバキア、デンマークは2年以下、
- アイルランドは3年以下、
- オランダ、オーストリア、チェコ、ドイツ、フィンランド、フランス、ベルギーは4年以下、
- スイスは10年以下の各国国債が、すべてマイナス金利となっていた（各国国債の利回りについては、Investing. com 参照)。

これは歴史的に見て、完全な異常事態である。欧州の金融機関は、自国や周辺国の国債金利がマイナスなら、リスクが高くとも新興国に投資する以外の選択肢はなかったろう。欧州金融機関の惨状はまさに、過剰な金融緩和や量的緩和が金融を不安定化させた、最たる例と言える。

7．過剰な「金融緩和」で、貧乏人がより一層貧乏になったアメリカ

アメリカ国勢調査局が２０１５年９月16日に公表した「合衆国における収入と貧困：２０１４」と題する報告書に、非常に興味深いデータが掲載されていた。[※18] 要約すると、２０１４年の家計の実質所得は、リーマンショック前と比べて上位10％の富裕層のみが増加し、それ以外の層は減少した。所得格差が拡大したというだけでなく、金持ちだけが金持ちになり、貧乏人はより一層貧乏になった、ということになる。

２００７年から14年にかけての実質所得の増減率を、所得の多いほうから並べてみると、金持ちほど増加率が高く、低所得層ほど減少率が大きいことが鮮明になる。

上位５％（下位から95％順位）の家計：プラス２・２％

上位10％（下位から90％順位）の家計：プラス1・4％
上位20％（下位から80％順位）の家計：マイナス1・7％
上位40％（下位から60％順位）の家計：マイナス3・6％
実質所得が全体の中位（100位中の50位、下位から50％順位）の家計：マイナス6・5％
下位から40％順位の家計：マイナス7・8％
下位から20％順位の家計：マイナス7・5％
下位から10％順位の家計：マイナス11・6％

「下位から○％順位」とは、原文では「○th percentile limit」で、百分位すなわち、調査サンプル全体に順位を割り振って、その順位を100等分し、サンプルの位置を指し示す統計的手法だ。例えば10％順位とは、最低位から数えて全体の10％にあたる順位のサンプルの値（いわば貧困層の代表的な実質所得データ）、95％順位は最高位から5％の順位のサンプルの値（いわば富裕層の代表的なデータ）ということになる。

図表47に、もう少し長期的な傾向を示した。1967年から2000年までは上位から下位まで、基本的に実質所得は上昇していたが、2000年以降になると、上位は辛うじて上昇か横ばい、下位は大きく減少となっている。

図表47　米国：所得順位別の家計実質所得の推移（1967～2014）
（2014年消費者物価指数で調整したドル）

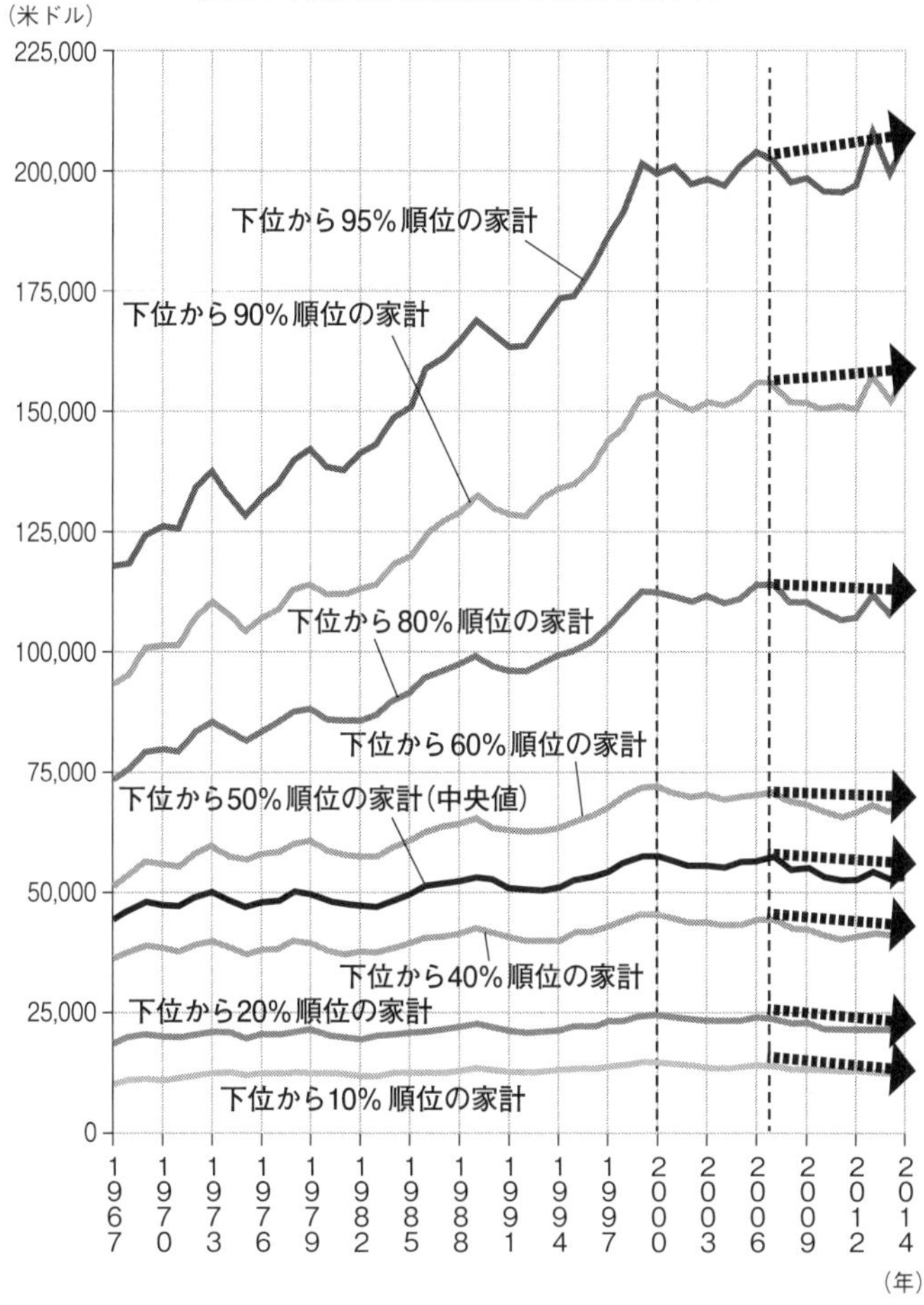

出典：米国勢調査局報告書（巻末脚注[18]）の Table A-2. Selected Measures of Household Income Dispersion: 1967 to 2014

図表48　米国：家計の実質所得変化率（年率換算）

	67年⇨00年	00年⇨14年
下位から95%順位の家計	+1.6%	+0.2%
下位から90%順位の家計	+1.5%	+0.2%
下位から80%順位の家計	+1.3%	-0.0%
下位から60%順位の家計	+1.0%	-0.4%
下位から50%順位の家計（中央値）	+0.8%	-0.5%
下位から40%順位の家計	+0.7%	-0.7%
下位から20%順位の家計	+0.9%	-1.0%
下位から10%順位の家計	+1.1%	-1.2%

こうした傾向をより分かりやすくするため、各順位の１９６７年→２０００年と、２０００年→14年の変化率（年率換算）の数値を図表48に示してみた。なんと、２０００年以降、全世帯のうち80％の世帯の実質所得が減少したことが分かる。

これは図表49のグラフに示す低金利政策、つまり緩和的な金融政策が採用されるようになった時期と重なる。もちろん、すべての原因が金融緩和にあるとは言わない。ただ、家計の、特に低所得層の所得減少と金融緩和の時期が重なったという事実は、２章８節で引用した国連開発計画報告書の指摘、「金融緩和（＋金融の規制緩和）は所得格差を拡大し、消費性

図表49　米国：政策金利と10年物国債利回り

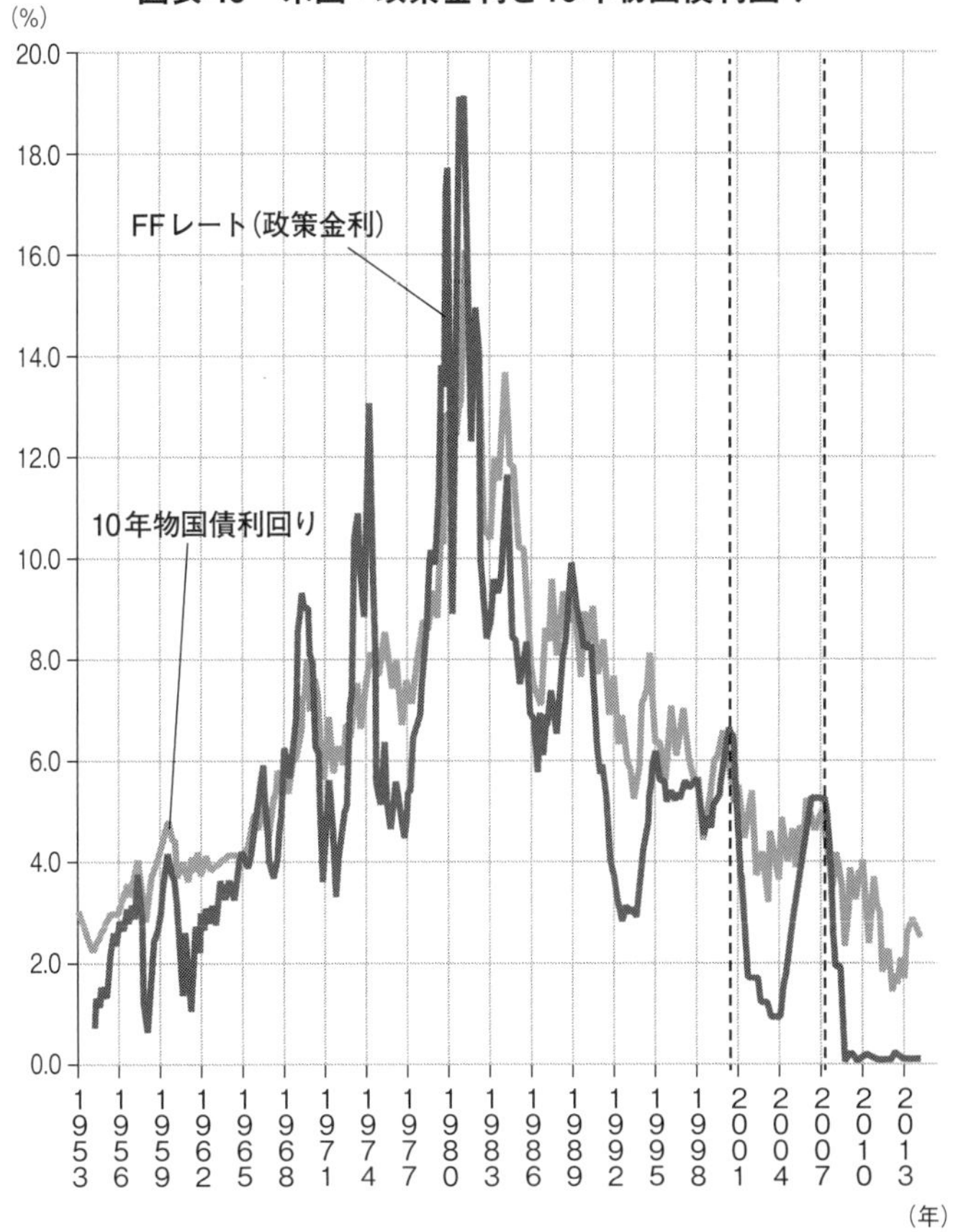

出典：FRB

向の高い低所得層が打撃を受けることで総需要が低迷する」という記述と、非常に整合的である。

また、2000年以降、全体の8割もの世帯で実質所得が減ったという事実は、電力量・鉄道貨物輸送量が2000年代を通じて増えていない、あるいは減少しているという事実（図表39、図表42参照）と、これまた非常によく整合している。

本節の表題「金融緩和で貧乏人が一層貧乏になったアメリカ」は、やや乱暴な表現だったかも知れないが、以上のデータを踏まえれば、否定し切れないと思える。また、格差の拡大は前に指摘した、アメリカで白人警官が非武装の黒人を射殺する事件が頻発している人種間対立の激化と、無関係ではないはずだ。

日本にとってほぼ完全に対岸の火事と言い切れるギリシャの「国の借金問題」とは違い、アメリカほどでないにせよ格差の拡大傾向が続き、またアメリカ同様に金融緩和に依存して満足な財政出動ができずにいる日本にとって、この「金融緩和で貧乏人が一層貧乏になった」というようなアメリカの話は、決して対岸の火事ではないと思うべきだろう。

以上が「世界大恐慌2・0」前夜の世界経済の概況である。

第4章

「世界大恐慌2・0」後の世界：想定シナリオ

1．「世界大恐慌2・0」に至る政治の潮流——800年ぶりの転換期

前章で、主要国首脳がG20共同声明で認めたとおり、世界経済の深刻な需要不足への対処は、金融緩和だけでは不十分で、財政出動が必要にもかかわらず、日、米、欧、中のいずれの政府も本格的にはやろうとしないため、世界は政治的に「大恐慌2・0」に導かれている、と書いた。

早ければ2016年前半には、上海総合指数が40％以上も下落した2015年夏の混乱をはるかに超える世界的な大暴落が起き、「大恐慌2・0」に突入しているかも知れない。

筆者はこの「大恐慌2・0」で、第二次世界大戦後の日本の預金封鎖・財産税実施と同様の「富の強制的再分配」＝「カネと結びつく権力構造の大転換」が行われる、との仮説を持っている。「権力構造の大転換」は、大きな政治的潮流の転換を伴うだろう。その転換とはいかなるものか、まずは転換前の流れについて、筆者の考えを述べておきたい。

・潮流①：王権の退潮と民主主義の興隆

ラインハートとロゴフが国家破綻について検討した過去800年間を、政治の観点から眺めると、王族や貴族などの少数者に権力が集中する封建的、集権的な政治体制から、より多くの個人が政治に参加する民主主義的な政治体制への移行を基本的な流れとしていた。皇帝や王の権力は制限され、あるいは玉座から引きずり下ろされ、一般庶民の自由、権利が増大した。

日本におけるその転換点は、1181年（治承5年）、平清盛《たいらのきよもり》が朝廷を、天皇を頂点とする中央集権的な軍事政権に改造しようと図るも失敗に終わった時点にあると筆者は見る。

清盛は源氏の反乱を好機と捉え、畿内の有力な武装寺社勢力を討滅し、「五畿内と近江・伊賀・伊勢・丹波」の軍事を統括する総監《そうかん》職を新設。従来の国別の軍制を、広域で兵員と兵糧を一括徴用できる集中体制に刷新した。だが、直後の清盛の死とともにその体制は崩壊。4年後に平家は滅亡。政治の中心は朝廷から離れ、源頼朝《みなもとのよりとも》が創設した鎌倉幕府＝武家政権に移っていった（元木泰雄『平清盛の闘い　幻の中世国家』角川ソフィア文庫、2011）。

以後数百年、朝廷の権威・権力は低下傾向が続き、明治維新期の大政奉還・王政復古によって一時、かなりの度合いで復権したと言えるが、第二次世界大戦の敗戦後、権力とは完全に切り離されて現代に至っている。

英国では1215年、マグナ・カルタが制定され、王権に初めて制限が加えられた。1258年、マグナ・カルタに再三違反した国王ヘンリー3世に貴族が反乱を起こして「オックスフォード条項」を認めさせ、「1265年聖職者・貴族に騎士・都市代表を加えて議会を開き、のちの下院の基礎を築いた」（大辞林　第三版）。1628年、議会は専制的なチャールズ1世に「議会の同意のない課税や不法逮捕に反対」する権利請願を提出、ついに1689年、イギリス議会は「課税や法制定には議会の承認が必要」と決めた権利章典を法制化し、「国王は君臨すれども統治せず」というイギリス政治の基礎が固まった（「イギリス権利章典」時事用語のＡＢＣ）。

・過去800年の潮流②：カトリックの凋落《ちょうらく》と資本主義、共産主義の台頭

以上の王権退潮の流れを、伝統的勢力全般の退潮と重ねて見ることもできる。例えば西ローマ帝国の流れを汲むローマ・カトリック教会、東ローマ帝国の流れを汲む東方正教会の権威の退潮も、この800年の政治の流れとして重要であると筆者は見る。

やはり12世紀（1100年代）、カトリック教会から異端視されたワルドー派（ヴァルド派）

が欧州で発生した。このワルドー派はのちの宗教改革の先駆とも評される民衆宗教改革運動で、清貧を重視し、秘跡を廃してローマ・カトリック教会と対立した（大辞林　第三版）。

16世紀（１５００年代）には宗教改革が本格化し、ドイツのルターによるルター教会、スイスのツヴィングリやカルヴィン（カルヴァン）による改革派教会、カルヴィン派の影響を受けたイギリスの清教徒（クエーカーやバプテスト教会など）といったプロテスタントの宗派が、カトリックから分離する動きが活発になった。それが資本主義の発達とつながる。

世界的古典、マックス・ウェーバーの『プロテスタンティズムの倫理と資本主義の精神』（梶山力訳、有斐閣、１９３８）は、プロテスタント、特にカルヴィン派の信仰のありかたと資本主義の発達のあいだに、密接な関係があると指摘する。カルヴィン派はのちに資本主義で強くなる国々を次々と席巻――「16世紀にはジェネバ（ジュネーブ）とスコットランドを支配し、16・17世紀の末にはオランダの大部分を支配し、17世紀には新イングランド（アメリカ）と、一時はイギリス本国を支配」――した。また、資本主義を発達させたのは、カルヴィン派の「救済される者とそうでない者はあらかじめ決まっている」とする「予定説」と呼ばれる教義と、「職業は神の使命」とする職業観だ、という。

神の使命としての職業を合理的な形で遂行すれば「神の栄光が増す」。それを続けることで「神に救済されると運命づけられた者」としての確証を得る。「神の栄光を増す」労働の報酬や利潤は享楽的に消費すべきではないとされ、貯蓄に回る。貯蓄が増えれば資本（建物や設備などの生産財）が増え、より多くの利潤が得られる（貯蓄＝生産財の形成＋金融純資産の増加）。働かずとも暮らしていけるような大金持ちであろうと、無一文の貧者であろうと、「神の栄光を増す」ためには勤勉に労働すべき、とプロテスタント教徒は信仰する。より合理的な労働、公共の福祉や自己の福祉に資する、より収益性の高い職業ほど神に喜ばれる。富が危険なのは、怠惰と快楽への誘惑につながる点だけであり、「神のために富裕になるよう労働するのはよいこと」だから、冒険やリスクもいとわない。

一方、カトリック教徒は、必要十分な収入を得られたら、それ以上働かないことが多い。そして、利潤を得る冒険のリスクより生涯の安定を求める。カトリック教会の伝統的な価値観では「営利を自己目的とする行為は、根本的には恥辱」だ。救済されるものとされないものは、あらかじめ決まっておらず、人々は聖礼典（洗礼、堅信、聖体、ゆるし、病者の塗油《とゆ》、叙階、結婚の「秘跡」）によって救われる。「利潤を増やして現世における神の栄光を増す」必要はない。

従って、カトリック的な「伝統的な価値観」では、資本主義は発達しにくい。雇い主が成果に対する報酬の単価を高めても、多くの場合、カトリック教徒は一定の収入を達成するとそれ以上働かなくなり、労働時間が短くなるだけとなってしまうからだ。

多くの労働者が、プロテスタント的な、職業は神から与えられた使命で、より多くの収入を得ることは神に選ばれた者である証という価値観を持つ国の経済は、発展しやすい。

近代資本主義の発展と結びつくカルヴィン派の思想は、格差拡大を許容することも重要だ。「予定説」では「人類の一部が救われ、他の一部が永遠に滅亡する」が、誰が救われ誰が滅亡するかは、人間の理解を超えた超越的存在としての神によって、あらかじめ決定されている。

このような信仰に基づくと「現世における財の分配の不平等は、特別な神の摂理のわざであり、神はこの差別によって、特殊的恩寵《おんちょう》による差別と同じに、我々の知らぬ或《あ》る秘密な目的をもちたまう」という思想が生まれる。カルヴィンによれば労働者、一般大衆は、「貧しいときにのみ、神に対して従順であり得る」。「神の栄光を増す」ため合理的に、勤勉に労働した結果、得た富を享楽的に浪費しない限り、富を積み重ねるのはよいことだが、富のない状態のほうがより純粋に、神の栄光を増そうとして、労働に励む動機付けが高まる。だから貧困も貧富の格差も許容される、という理屈である（ウェーバー前掲書）。

なお、同じプロテスタントであっても、ルター派の流れを汲む宗派の教義では「予定説」をとらず、誰もが神に救済され得る。実際のところ、ルター派が多数を占める北欧諸国では「格差拡大是認」とならず、大きな政府の福祉国家が多い。

スペインやポルトガルというカトリックの国が凋落したあと、世界の覇権はオランダ、イギリス、アメリカというプロテスタントの国々に移った。この事実は、マックス・ウェーバーのカトリックとプロテスタントに関する論考と、非常に整合性が取れている。

ここまで、カルヴィン派と資本主義の関係について長々と論じたのは、この800年の大潮流の一つとして、カトリックの凋落と入れ替わりにプロテスタントと資本主義が密接に絡み合って興隆してきたことを、明示しておきたかったからである。次に、もう一つのカトリックを弱めてきた潮流、すなわち、共産主義の興隆について確認したい。

資本主義が「神の名において」格差拡大を許容する経済思想であるなら、その行き過ぎと反動で、「無神論の名において」格差を消滅させようとしたのが共産主義である。資本主義に挑戦した共産主義《コミュニズム》の語源はラテン語「共有の」であり、私有財産を認めず、すべての資産は全人民によって共有され、人々は必要に応じて労働し、必要に応じて分配を受け、経済格差は消滅するとされた（ただし、現実の共産主義国家においては、そうはならなかった）。

共産主義の経済観は、ほどほどの収入があればそれでよいというカトリック的な経済観と、親和性が高いと思われる。これは東方正教についても言える。経済不振にあえぐギリシャで２０１５年１月、選挙に圧勝し政権与党の座についた急進左派連合ＳＹＲＩＺＡ《シリザ》は、党員の多くが共産党出身者であるが、グローバリゼーションに強く反対する点で、東方正教の一翼であるギリシャ正教会と一致している。※19

またローマ・カトリック教会の最高指導者フランシスコ法王も、グローバリゼーションの現状に批判的である。例えば、２０１５年9月26日の米フィラデルフィアにおける演説で「現状のグローバリゼーションは悪いものかも知れない。（中略）もしグローバリゼーションが全ての人々を同質化させるものであるなら、グローバリゼーションは全ての人、全ての人々の豊かさ、特性、個性を破壊する」、グローバリゼーションは、人々がお互いを尊重し合うようなものになるべきだ、と述べた（ABC Inc., WPVI-TV Philadelphia, "VIDEO: POPE FRANCIS' GIVES IMPASSIONED REMARKS ON GLOBALIZATION," Sep 26, 2015）

１９１７年の革命後、世界で初めて共産党国家が成立したロシア（ソ連）は正教、１９４３年に社会主義を標榜《ひょうぼう》する国家が成立したユーゴスラビアはカトリックや正教、１９５９年の革命後に共産党国家が成立したキューバはカトリックの信徒が多かった――

アジアを除けば、共産主義・社会主義国家がそれなりに長期間存続したのは、カトリックや正教の信徒が多い国々であった――ことは、共産主義や社会主義と、カトリック的、正教的な経済観に共通する部分が少なくないことをうかがわせる。

とはいえ、もちろん共産主義の無神論、宗教の否定は、カトリックや東方正教とは相容《あいい》れない。共産圏ではカトリックや正教は弱体化を余儀なくされた。ソ連ではロシア正教が弾圧され、キューバでは形式的に信教の自由が認められたが、反革命的とみなされたカトリック信徒は大幅に減少した。

いわずもがなではあるが、共産主義の教義は王権や君主制とも相容れない。私有財産を持たない王家など存在し得ない。ロシア革命でロマノフ朝皇帝のニコライ2世は共産主義者に処刑された。だがキリスト教国では、政治権力と切り離された形で、王室の存続が許容された。カトリック国ではスペイン、ベルギー、モナコ、ルクセンブルク、リヒテンシュタイン、そしてプロテスタント国ではイギリス、オランダ、デンマーク、ノルウェー、スウェーデンにおいて王室または公室が――君臨すれども統治せず、の象徴として――存続を許されている。

以上から、筆者は過去800年の政治の潮流を、「王権やカトリック、正教といった伝統的な勢力の退潮と、民主主義、プロテスタント、資本主義、共産主義といった革新的で伝統破壊的な勢力の興隆」の流れであったと考えている。

2．現在は８００年の流れの転換期

筆者が「世界大恐慌２・０」後の世界を予測する大前提は、前節で述べた８００年の潮流が逆転するという仮説である。すなわち、「民主主義、プロテスタント、資本主義、共産主義、グローバリズムといったキーワードで表される革新的で伝統破壊的な価値観の退潮と、王権や軍事中央集権、カトリック、正教、ナショナリズムといったキーワードで表される伝統保護的な価値観の興隆」である。この仮説を強化する材料を以下に挙げてゆきたい。

まず、共産主義の退潮だ。１９８９年のソ連崩壊や、１９８０年代以降に急激に進んだ中国やベトナムの共産党政権による市場経済体制の導入など、その流れは明白である。ソ連崩壊後、ロシアでは正教が勢いを取り戻した。プーチン大統領はロシア正教を公然と信仰している。キューバでは２０１５年、米国との国交回復、経済制裁の一部緩和が実現さ

れたが、その際、本来は無神論であるはずの共産党政権が、カトリック法王の全面的な支援を受けた。[※20]

また、2015年にはロマノフ朝の旧皇族が、モスクワ市役所に対し、2017年のニコライ2世処刑100周年の日までに、処刑を実行したボルシェビキ（ソ連共産党の前身）の主要人物の名を冠した地下鉄の駅名や市の地区名を、変更するよう要望を出した。市民に反対意見が多く、身分証の住所を書き換えるなどのコストから、政治家は駅名・地区名変更に消極的である。しかしロシア内務省が、前世紀に起きた皇帝一族殺害事件の再捜査を開始する動きもあり、その結果次第では、旧皇族に同情が集まるかも知れない。2013年、ロマノフ朝400周年で行われた世論調査において、ロシア国民の28％が皇帝による統治に賛成と答えている。ロマノフ朝の旧皇族から選ぶのに賛成という意見は6％に過ぎず、67％は現在の民主的体制を望むとしているが、少なからぬロシア国民が帝政復古に賛同していることは、筆者の仮説からすると、非常に興味深い事実である。[※21]

筆者はプーチン大統領が、ロマノフ朝の旧皇族を次期「皇帝」に立てる可能性があると考える。1970年代、スペインの独裁者フランコの前例があるからだ。第二次大戦中、ドイツのヒトラーやイタリアのムッソリーニと協力しつつも「中立」を維持し、大戦後も巧みに生き残り、独裁体制維持に成功したフランコは、死の6年前、イタリアに亡命していた旧王族の王位継承者を自らの後継者に指名。彼の死後、遺言によって王政復古が成し遂げられた。そのとき即位したのが前国王、ファン・カルロス一世である。そしてスペイン王室は今も存続している。もちろんいま、プーチンが旧皇族の帝位継承者を帝位につける具体的な動きはない。しかし、フランコの事例は筆者の「王権強化」仮説を強化する材料の一つである。

仮に、プーチンに旧皇族から皇帝を立てる意図があるならば、自身が影響力を行使できる国内メディアを巧みに使い、時間をかけて世論を誘導し、好ましい土壌を醸成してから本意を明かす手順を踏むと思われる。ただしそれは、自身が終身大統領――実質的には皇帝――に就任する、という手順を踏んでからのこととなるかも知れない。スペインのフランコのように。

3．米国覇権の凋落＝民主主義・資本主義の退潮

歴史上、覇権を永続させることができた国は一つもない。アメリカの覇権も永続するこ

とはなく、近いうちか、50年後か、１００年後かは別にして、いずれ必ず終わる。最近の世界情勢には、そのときがそれほど遠くないように思える、いくつかの兆候が表れてきた。

アメリカの覇権凋落の兆候として、筆者が個人的に最も衝撃を受けたのは、２０１３年8月31日、オバマ大統領が力強い演説でシリアのアサド政権を武力攻撃する決意を表明した直後、あっさり撤回してしまった事件だ。そのオバマ演説の、勇ましい決意表明の一部を以下に抜粋する（Office of the Press Secretary, The White House, "Statement by the President on Syria," For Immediate Release, Aug 31, 2013 翻訳は筆者）。

> 慎重な審議の結果、私は合衆国が、シリア政府を対象とした軍事行動を起こすべきであることを決断した。私は、アサド政権に化学兵器使用の責任を取らせ、このような振る舞いを思いとどまらせ、彼らの化学兵器使用能力を削減させることができると確信している。
>
> 私は世界で最も古い立憲民主国の大統領としての認識も持っている。**私は長い間、我々の力の根源が、我々の軍事力にだけあるのではなく、我々が「人民の人民による人民のための政府」の模範であることにもある、と信じてきた。**（中略）**私は、現在までのあい**

だ完全に麻痺し、アサド政権に責任を取らせる意思を見せない国連安保理の承認がなくとも前進することに不都合を覚えない。

世界大戦の戦塵《せんじん》の中から、我々は国際秩序を建設し、ルールを施行することでそれに意義を与えた。我々がそうしたのは、「一人一人の個人が平和と尊厳の中で暮らす権利が、国家の責任にかかっている」と、我々が信じているからだ。**我々は完璧ではないが、この国はこれまで、他の国々以上に、この責任を果たすことに意欲的であった。**

これは国家として我々が何者であるか、の問題である。我々は言ったことを実行する。そして我々は「正義は力だ」（"right makes might"、リンカーンの演説の引用）**ということを前面に押し出すのである―これ以外の道はないのである。**

アメリカの力の根源は軍事力と民主主義の模範であること。我々こそ正義で、役に立たない国連など無視して構わない。現在の世界秩序を作った我々は「これまで、他の国々以上に、この責任を果たすことに意欲的であった」覇権国として、責任を果たす義務がある。そして、やると言ったからには「言ったことを実行」する。「私は行動する準備ができている」と言い切ったオバマ演説には、世界秩序の守り手としての誇りや自負が、色濃くにじみ出ていた。

しかし、この演説のわずか10日後、オバマ大統領は、シリアの同盟国であるロシアが、アサド政権に化学兵器を廃棄させると提案してきたのを受け、シリア攻撃の賛否を問う議会投票を延期すると発表した。事実上、シリア攻撃を中止し、「言ったことを実行」しなかったのだ。

筆者は深い衝撃を受けた。まるで米国大統領による、覇権からの降板宣言のように感じられたからだ。そして、この感触は、オバマ大統領が２０１５年9月28日に国連総会で行った演説によってますます強化された（Office of the Press Secretary, The White House, "Remarks by President Obama to the United Nations General Assembly," September 28, 2015）。

我々の軍隊がいかに強力であろうと、我々の経済がいかに強かろうと、**我々は合衆国が、世界の問題を単独で解決できないことを理解している。**合衆国は、イラクにおいて、何十万もの勇敢で有能な兵士、数兆ドルの政府財政もそれ自体では外国の地に安定を強制することはできない、という厳しい教訓を得た。

この2年で、「国連など無視してでも、国際秩序はアメリカが守る！」という強気な姿勢が、「米国単独で国際秩序は維持できない。国際社会の協力が重要だ」という弱気な姿勢に１８０度転換したのだ。この転換は、オバマ大統領が２０１４年、いまや世界最大の中東からの原油輸入国となった中国が、中東の安全保障に「タダ乗り（free rider）」していると批判したことにも表れている。英エコノミスト誌の記事によれば、米軍の中東からの撤退を見越した中東諸国の指導者らは、中国がその空白を埋めることを望んでいる（"The great well of China," The Economist, June 20, 2015）。

また、シリア問題がこじれるよりずっと前、自称「イスラム国」が勢力を拡大し、シリアの混沌状態が長期化する直接の原因となった、２００３年のイラク戦争によるフセイン政権打倒も、米国の権威を著しく低下させた。２００１年の9・11テロを受けて、ブッシュ政権がイラク侵攻を決断した際、侵攻の最大の理由にフセイン政権の大量破壊兵器の保有を挙げていたが、２００４年10月、ＣＩＡが綿密な調査に基づいて作成した報告書で、開戦当時、フセイン政権が大量破壊兵器を保有しておらず、開戦の10年以上前に破棄していたと結論付けられたからである（"There were no weapons of mass destruction in Iraq," The Guardian,Oct 7, 2004）。

フセイン政権が強引に潰されたのは、石油取引をドル建てからユーロ建てに切り替えたことが他の反米諸国に波及しかけたのが原因とも言われる。世界中の石油がドルで取引されることこそ、ドルの基軸通貨としての地位、ひいてはアメリカの覇権国としての地位を維持するために重要だからだ（マリン・カッサ『コールダー・ウォー　ドル覇権を崩壊させるプーチンの資源戦争』渡辺惣樹訳、草思社、２０１５）。

しかし、覇権国であること、基軸通貨の地位を保つことは、ことのほか骨の折れるものであると思われる。強大な軍事力を維持しなければならず、高度な兵装を常時、大量に維持しなければならない。そのためには、兵装の原材料や運用の資源を低コストで調達する必要があり、通貨を実力以上に高い状態に維持しなければならない。そして、そのためには強大な軍事力を維持しなければならず、通貨を実力以上に高い状態に維持しなければならない……という悪循環に陥るからだ。

「強大な軍事力の維持」には、カネだけではなく、精神的にもかなり強力な動機づけが必要だ。オバマ演説から引用すれば、例えば「世界最古の立憲民主国」として「民主主義の模範」を世界に示すこと、第二次世界大戦後の秩序を主導的立場で作り上げた国として秩序維持につき「他の国々以上に……意欲的」であるべきこと、などである。

１９６０年代から70年代にかけてのベトナム戦争で、米軍の戦死者・行方不明者は６万人を超えた。それでも米国は89年のパナマ侵攻、91年の湾岸戦争、94年のボスニア・ヘルツェゴビナ紛争への介入、２００１年のアフガン戦争、２００３年のイラク戦争と、延々と武力行使を続けてきた。しかし、２０００年代以降のアフガンやイラクでの戦死者は合計しても数千人であり、ベトナム戦争（約6万人）より一桁小さい。

それにもかかわらず、世論における厭戦気分の広がりもあって、※22２０１３年９月のシリアへの軍事介入は中止となった。これは恐らく、経済力、カネの問題よりは心理的な戦争疲れの要因のほうが大きい。このような「戦争疲れ」は、「覇権国の地位からむしろ積極的に降りたい」という意識の高まりにつながり得る。

また、「通貨を実力以上に高い状態に維持」する代償について簡単にまとめれば、「製造業の空洞化→産業構造の金融業シフト→金融の規制緩和と金融緩和への依存→金融の不安定化＋格差拡大」ということになるだろう。

「通貨を実力以上に高い状態に維持」するための方法は、例えば以下のようなものがある。

- 世界中の貿易決済がドルであるようにすれば、各国はドルを逐一、自国通貨に両替するよりも、決済用に一定程度ドルを保有する動機づけとなり、ドル安圧力が減る

・石油や金などコモディティーが、ドルで決済される状態をできるだけ維持する。これも、各国がドルを自国通貨に逐一両替するよりも、決済のために一定程度ドルを保有する動機づけとなり、ドル安圧力を減らす。従来、サウジアラビアなどの産油国は、石油の決済どころか自国通貨までドルペッグし、巨額の経常黒字によって有り余るドルを米国内に投資していた。アメリカが経常赤字でドル安圧力があっても、（産油）経常黒字国が自国通貨のレートをドルに固定することで、ドル安圧力が緩和されてきた

・基軸通貨とみなされているがゆえに、通貨の弱い国は、かつての金（ゴールド）のような感覚で官民問わずドル備蓄を増やそうとするため、ドル売り圧力が減る

しかし、実力以上の通貨高により、「製造業の空洞化→産業構造の金融業シフト→金融の規制緩和と金融緩和への依存→金融の不安定化＋格差拡大」が進行し、その通貨高を維持するのが困難になった。さらに、戦争疲れも重なる。しかも、自国のエネルギー自給率が１００％に接近（図表50）、中東のエネルギー安全保障上の重要性が著しく低下した。軍備の維持、頻繁な対外戦争は、政治的にますます困難となり、覇権の維持が難しい。あるいは、そのメリットが薄れた。基軸通貨の維持もメリットが薄れた――もはや、覇権国・

基軸通貨国であることを自ら止めて「普通の国に戻りたい」、という動機づけが米国内で強く働くようになっても、何ら不思議のない状況だと言える。

以上のようなアメリカの内的要因に加え、ロシアや中国など独裁体制的な新興国の世界GDPにおけるシェア増大といった外的要因も、米国の「覇者からの退座」を促進し得る。

これまで民主主義と自由主義経済（プロテスタントのカルヴィン派的な米国型資本主義）を世界に拡散させてきた、覇権国・基軸通貨国としてのアメリカの地位が低落するならば、それはそのまま民主主義や自由主義経済の退潮に直結するだろう。

4．米国覇権の凋落は「TPP」、「カトリック」、「タイの軍政」で占える

米国の覇権がどれだけ凋落しているかを示す指標として、TPPが批准に失敗するか、カトリックが米国でどれだけ勢いを伸ばすか、タイの軍政の民政復帰がどこまで遅れるか、といったことが考えられる。これらの指標はまさに「民主主義、プロテスタント、資本主義、共産主義、グローバリズムといったキーワードで表される革新的で伝統破壊的な価値観の退潮と、王権や軍事中央集権、カトリック、正教、ナショナリズムといったキーワー

図表50　米国のエネルギー消費と生産、自給率の推移

（1973年1月〜2015年6月）

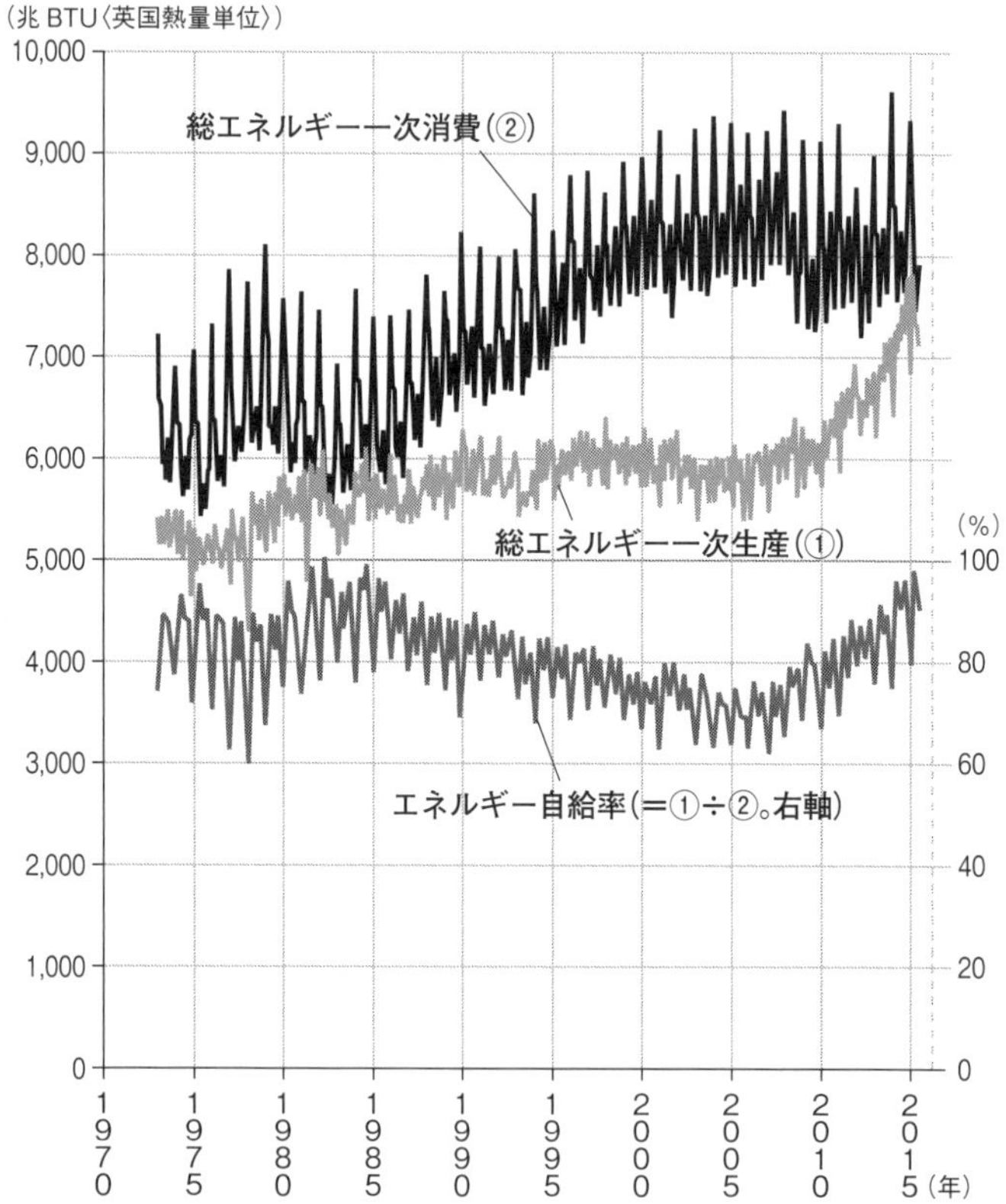

出典：米エネルギー情報局（EIA）

ドで表される伝統的な価値観の興隆」の指標でもあるからだ。

①　ＴＰＰの軍事的意義：「空母一隻並みに重要」[※23]

ＴＰＰ（環太平洋経済連携協定）は、日米を含む環太平洋地域12ヵ国による経済連携協定であるが、少なくとも米国の政治中枢においては、軍事的な意義も極めて大きい多国間協定である。

米議会調査局の報告書では、「ジョージ・Ｗ・ブッシュ大統領の下、アジアにおける既存の同盟国との関係強化に重点を置き、この地域における、より柔軟で維持可能な軍事プレゼンスの方向への動きを開始した。それは、韓国とのＦＴＡを結実させ、合衆国のＴＰＰ交渉への参加をもたらし、インドやベトナムとの新しい連携を徐々に進めさせた。これらすべてのステップは、オバマ政権によってさらに進められた」とし、アジアシフトの「最も劇的な部分は軍事面にある」と述べている。アシュトン・カーター米国防長官に至っては「私にとってＴＰＰの成立は、もう一隻の空母並みに重要である」とまで語っている。

②　ＴＰＰと米国「金権民主主義」の実態

筆者は、「アメリカにとってのTPPの経済面での意義は、多国籍巨大企業の権益拡大に資することにある」、との仮説を持っている。以下、その論拠を示す。

米国憲法上、貿易交渉の最終的な権限を持つのは、大統領ではなく連邦議会である。2012年5月、連邦議会・上院財政委員会の貿易交渉に関する小委員会の委員長であったロン・ワイデン上院議員（民主党）は、オバマ大統領宛ての声明文で、議会の貿易問題の責任者である自身に対しても情報が適正に公開されていないと訴え、次のように述べた。※24

連邦議員の大多数は、TPPの実体に関して暗闇の中に置かれたままだ。しかし一方、ハリバートン（石油）、シェブロン（石油）、PhRMA（米国研究製薬工業協会）、コムキャスト（ケーブルテレビ、インターネット）、アメリカ映画協会といった米国企業の代表には相談を持ちかけ、TPP協定の詳細に関する機密を教えている。

また、ワイデン議員の広報担当者はメディアに対し、次のように語っている。※24

ハリバートンやアメリカ映画協会の顧問は、USTR（通商代表部）のウェブサイト上で、

ＴＰＰ協定に関して、いつでもどんなことでも閲覧するためのパスワードを与えられている。

つまり、大企業の関係者には、ネット上でＴＰＰの機密情報にアクセスするパスワードすら与えられている一方、憲法上でＴＰＰ交渉に関する最終的な権限を持つ連邦議員、しかも、貿易交渉担当のトップ議員（しかも、与党議員！）ですら情報が公開されず蚊帳《かや》の外という、かなり異常な状況である。

ＴＰＰは巨大企業のためのもの、という筆者の仮説は、ＴＰＰに反対する議員らが受け取った献金額に比べて、ＴＰＰ推進議員らが受け取った献金額が桁違いに多かったことからも強化される。ＣＮＢＣは２０１５年6月、「上院議員ら、ＴＰＰ推進献金者から巨額資金を荒稼ぎ」と題する記事で、「政治資金の調査団体（MapLight）によれば、現在の形のＴＰＡ（ＴＰＰなど外国との通商交渉を高速化するために議会が大統領に与える権限）法を支持する銀行、保険、公益事業その他多くの業界は、現職上院議員らに２００８年10月以降で2億１８４０万ドル（1ドル＝１２０円換算で約２６０億円）の献金を行っている。それは、ＴＰＡ法反対業界からの献金２３２０万ドル（同約28億円）の9倍以上の金額だ」と報じ

た。※25

またロイターによれば、米国のＴＰＰ推進派のロビー活動支出は２０１４年第４四半期が１・18億ドル、２０１５年第１四半期が１・26億ドル、第２四半期が１・35億ドルと増加したのに対し、反ＴＰＰの米最大労組ＡＦＬ－ＣＩＯは２０１５年第２四半期に、前四半期比でロビー活動支出を43％増加させたが、金額は推進派の１００分の１以下であった（２０１５年第２四半期０・００９２億ドル）。ＴＰＰ推進派は１００億円単位なのに対して、反対派は億円単位というわけだ。※25

米国政治でこうした献金額の大きさが重要なのは、テレビ広告などへの資金投入の多寡によって、政治が大きく左右されるからだ。

例えば２０１４年の中間選挙（上院の３分の１の議席と下院全議席の選挙）において、１０００億ドル（約12兆円）の資産を持つ、コーク兄弟が率いる保守系政治団体ＡＦＰは、資金を投入した選挙区で95％の成功を達成した。ロイター記事によれば、ＡＦＰは非営利団体であるため、特定の候補者を支持することはできないにもかかわらず、広告によって「望ましい仕事をしていない候補者」だと攻撃し、落選させたのである（"At Koch group summit, a restrained enthusiasm for Trump," Reuters, Aug 24, 2015）。

このような「世論をカネで買う」現象は、2015年7月に米国を含む国連安保理常任理事国にドイツを加えた6ヵ国と、イランとの間で成立した核協議に関する米国世論でも見られた。

米国議会がこれを無効にするには、上下両院において協議成立に関する情報を受け取ってから60日以内に否決し、しかも大統領の拒否権を覆すために、両議会それぞれで議席の3分の2以上の反対票が必要であった。この協議が成立すれば、自国の安全保障が深刻に脅かされると考えたイスラエルのネタニヤフ首相と、米国で強大な政治力を持つ親イスラエル・ロビー団体AIPACは、協議成立の断固阻止に動いた。

ピュー・リサーチ・センターの7月の世論調査では、イラン核協議に賛成が33%、反対が45%であったが、9月には賛成21%、反対49%となり、親イスラエル派の望む方向に米世論が傾いた。これは、AIPACの関係団体が事前に2千万ドルから4千万ドル（約24～48億円）をテレビやウェブ広告に投入すると約束したことと関係があったと思われる。

結果的に、米国議会におけるイラン核協議成立阻止は失敗に終わったが、ネタニヤフ首相は「米国民と議会の多数派が、イラン核協議が危険であるとするイスラエルの意見に賛成してくれた」と「勝利宣言」した。このように、世論はカネで動くのである。しかし、長期にわたって米政界に重大な影響力を行使し続けてきた親イスラエル・ロビーＡＩＰＡＣにとっては、「最大の敗北」であった[※26]、とも言える。もし、超巨大企業群が大金を投じて推進しているＴＰＰが同様の失敗に終わるなら、アメリカの「金権民主主義」は歴史的転換点を迎えることになるかも知れない。

③ 「国家主権弱体化」の方向性を持つＴＰＰ

巨大企業がカネで世論と政治家を動かすことで成立させようとするＴＰＰは、国家主権を弱体化させる方向性を持ち得る。２０１２年６月、ＴＰＰ交渉文書において「貿易協定の条件に違反しているとして政府を訴訟するために、民間企業によって利用される裁判システム」、すなわちＩＳＤ条項（投資家対国家　紛争解決条項）が含まれることがリークされた（"Trade pact could weaken Australia's tobacco fight," ABC(Australia), June 15, 2012)。

オーストラリアのＡＢＣテレビによれば、オーストラリアはＷＴＯ（世界貿易機関）における同様の仕組みにより、ブリティッシュ・アメリカン・タバコ、インペリアル・タバコ、フィリップ・モリスから訴訟を起こされた。その理由は、オーストラリアが法律でタバコの商品パッケージの色を単調なものに強制していることによって、タバコの健康に対する影響のイメージが乱されているというものだった。しかも、これらのタバコ会社は、ウクライナ、ホンジュラス、ドミニカ共和国などの政府に法的助言を行い、オーストラリア政府を提訴させた。これらの国々のオーストラリアにおけるタバコのシェアが著しく低かったにもかかわらず、である。

このような経緯もあり、オーストラリア政府は公然とＩＳＤ条項に反対していた。ＷＴＯでは公衆衛生の規定もあり、オーストラリア政府には戦う余地が残されていたが、ＴＰＰではこの余地がなくなりそうなことも、オーストラリア政府を懸念させている。多国籍企業は国家主権を根本から脅かす存在となっているのだ。

ＴＰＰやＷＴＯのような自由貿易協定に関連して、米国の保守系政治家、ロン・ポール元下院議員は、ＣＮＮが主催した２００８年大統領選挙に向けた共和党候補者討論会で、以下のように述べていた。[※27]

　外交問題評議会（ＣＦＲ）や三極委員会（日米欧委員会《トライラテラル・コミッション》）は存在します。それは「観念としての陰謀」であり、思想的闘争であり、**ある人々はグローバリズムを信じ、他の人々は国家主権を信じています。**

そして、早くから欧州連合（EU）の動きがあり、結局それは実現したように、北米連合（NAU）に向けた動きも存在します。我々には北米自由貿易協定（NAFTA）があります。そして、NAFTAハイウェイが推進されています。これらは現実のものであり、誰かの作り話ではなく、陰謀でもありません。

彼らはそれについて話しませんし、認めないかもしれませんが、しかし、それに使われる資金があり、テキサス州議会がそのための法律を満場一致で可決しました。メキシコからカナダまでのインターナショナル・ハイウェイのための何百万エーカーもの土地を、土地収用権によって収用することを彼らは計画しています。そして、それは移民問題をより悪化させそうです。だから、それは秘密主義の陰謀ではなく、イデオロギー闘争です。

我々が我々の国家機関、我々の国家主権、我々の憲法を信じるか、我々が国連以上の国際政府の方向にさらに進むのか、という思想闘争なのです。

ご存知のように、この国は国連決議によって戦争を起こします。私はワシントンの大きな政府を好みません。だから、私は国際政府に向かうこの傾向が好きでありません。また、我々には、我々の製薬産業や我々の食品をコントロールしようとしているWTO

があります。

だから、私はこれら全てに反対です。それは邪悪な陰謀などではなく、単にそこに存在しているということを認識しているに過ぎません。**我々がそれをしっかり探究すれば、あなたは我々の国家主権が脅威にさらされていることに気付く**でしょう。

先述した、多国籍巨大タバコ産業から脅威を受けているオーストラリア政府の話をお読み頂ければ、読者の皆さまも「我々の国家主権が脅威にさらされていることに」お気付きになられるだろう。筆者はポール氏とは違って、あらゆる自由貿易協定に反対するものではないが、この動きが過剰になると国家主権が脅かされる、という彼の指摘には共感する。

ポール氏は米国の典型的な保守（草の根の保守運動「ティーパーティー」の名付け親）で、小さな政府信奉者である。この点は、いかにも格差拡大を許容するカルヴィン派プロテスタント的である。他方、国家主権を極めて重視する点では、現状のグローバリゼーションに批判的で、東方正教会的でありカトリック的とも言える。国家主権を重視する姿勢からすれば、ポール氏はやはり「革新的で伝統破壊的」というより「保守的、伝統保護的」と言うべきだろう。一方、ＴＰＰ推進は「伝統破壊的」と言えるかも知れない。

仮にＴＰＰが失敗し、不成立となったら、それはアメリカの軍事覇権の退潮を意味し、伝統破壊的な価値観の退潮も意味することになる。逆に、もしＴＰＰが批准・成立したなら、米国の覇権や「革新的・伝統破壊的」価値観はまだしばらく続くことになる。ＴＰＰは最終的に成立するだろうか？　本稿執筆時点では、その可能性はかなり低い。

第一に、２０１６年の大統領選の有力候補者が、共和党でも民主党でも、ともに明確に反対（共和党のドナルド・トランプ氏や民主党のバーニー・サンダース氏）、または不支持（民主党のヒラリー・クリントン氏）を表明しているからだ。※28

第二に、各国の交渉官のあいだで協議が成立しても、米議会で徹底的に紛糾しそうな問題が少なくとも2つある。１つは、米国務省（外交担当）が毎年公表する人身売買報告書の２０１５年版（U.S. Department of State, "Trafficking in Persons Report July 2015"）において、マレーシアのＴＰＰ交渉への円滑な参加のために、マレーシアの「人身売買格付け」を強引に引き上げたとされる問題である。

ロイターの行った十数名の政府関係者への取材に基づく調査で、マレーシアを含む14ヵ国につき、格付けを行う分析官らが省内で強い圧力を受けていたことが明らかになった。この格上げがなければ、マレーシアはＴＰＡ（大統領貿易促進権限）の手続きによるＴＰＰ

交渉に参加することができなかった。上院外交委員会の民主党トップ、メネンデス議員はこの格上げにつき、あらゆる法的手段を用いて対抗すると表明している。また、上院外交委員長である共和党コーカー議員は、この件についての外交委員会における国務省人権担当補佐官の説明に対して「私がいままで見た、重大問題に関する説明のなかで、最も心のない、中身のないものだ」と痛烈に批判した。オバマ政権はこのスキャンダルで、与野党からの激しい非難にさらされているのである。[※29]

そして米議会で紛糾しそうなもう一つの問題は、前述したＩＳＤ条項と関係するタバコ問題である。２０１５年９月末のＴＰＰ閣僚会合で、オバマ政権は、タバコ企業がＩＳＤ条項を使って各国の喫煙を抑制する法律を弱めたり廃止したりできないようにする提案を行った。それに対し、上院の共和党リーダー（院内総務）、マコーネル議員を始めとする、少なからぬ共和党議員、特にタバコ栽培の盛んな州の選出議員らは猛反対であり、オバマ政権に対して事前に、ＩＳＤ条項のタバコへの適用を除外すればＴＰＰの成立は困難になると警告していた。米政治専門紙（The Hill）の記事によれば、下院ではごく少数の共和党議員が反対に回るだけで、ＴＰＰは不成立になると見込まれるが、ベイナー下院議長ら有力な議員を含む30名以上の下院議員が、ＩＳＤ条項のタバコへの適用を除外しないよう要求する、フロマン米通商代表（ＴＰＰ交渉の責任者）宛ての書簡に署名している。[※30] つまり、オバマ政権は米議会でのＴＰＰ承認（批准）が困難になるような提案を、あえて行ったのである。

オバマ政権には、先述のＴＰＰ交渉円滑化に向けたマレーシア「人身売買格付け」格上げ問題で、民主・共和両党から猛批判を誘発した件もある。さらに先述のとおり、オバマ大統領は、勇ましい演説でシリアのアサド政権攻撃の決意表明をしたわずか10日後にそれを撤回し、覇権国アメリカの威信を大きく失墜させている。

もしかするとオバマ大統領は、前任者ブッシュ大統領時代に策定された方針通りにＴＰＰ交渉を進めつつ、わざと失敗することでＴＰＰを潰し、米国覇権の終焉を前倒しすることを狙っている――表面的には「伝統破壊的」な行動を取りつつ、実は「伝統保護」に加担している――のかも知れない。それはカーター国防長官が言う「もう一隻の空母」を「進水」させる前に「撃沈」すること、すなわち、米国の軍事覇権を弱めることにもつながる。

④　歴史的大事件：アメリカ建国以来初のカトリック法王議会演説

プロテスタントが建国したアメリカ政界にとり、カトリック教会は長く警戒すべき対象だった。１９６０年、ジョン・Ｆ・ケネディは、カトリック初の大統領として、ローマ法王庁の言いなりになることはない、と言明し、米国民を安心させねばならなかった。

今や状況は大きく変わり、英ガーディアン紙の記事によると、「連邦議員のおよそ３分の１はカトリックであり、彼らの態度や反応から判断すると、信心の有無にかかわらず、彼らは世界12億人のカトリック教徒の指導者を崇めたてている。民主党、共和党を問わず、連邦議員らは自らの政治的立場に法王の支持を得る道を探っている」ありさまだ。※31

２０１５年9月24日、米連邦議会・両院合同会議で行われたフランシスコ法王の演説は、まさに歴史的大事件だった。両院合同会議と言えば、同年4月に安倍晋三首相が日本人指導者初の演説を行ったことで話題になったが、フランシスコ法王の演説もまた特別な意義がある。法王は今般、ローマ・カトリック法王として初めて、米連邦議会から招待されたのであった。その背景には、生涯を通じてのカトリック教徒である、共和党のジョン・ベイナー下院議長の20年に及ぶ努力があった――下院議長はこれまで、フランシスコ法王を含む3人の法王の招待を試み、ようやく成し遂げた。感無量のベイナー議長は、法王の演説のあいだ、何度も落涙するほどだった。

米世論調査会社ピュー・リサーチ・センターが２０１５年5月に発表したアメリカ人の

宗教信仰に関する報告書の巻末付記に、同社はじめ6社の調査機関による、米成人が信仰する宗教の比率の推移グラフが掲載されている。※32 それを見ると、最も勢いよく増加しているのは「無信仰」の比率で、1970年代は5%程度だったのが、2014年には15～20%に増加した。プロテスタントは今も相対的に数は多いが、70年代の60%超から長期的な減少傾向が続き、14年には1社のデータを除いて50%未満となっている。つまり、プロテスタントは過半数を割りつつある。

一方、カトリックは70年代の25%超から、2010年にいくつかの調査で20%ぎりぎりまで減少した後に底入れし、その後増加に転じた。今後のカトリックの比率に大きく影響しそうなのは、移民の動向である。2014年のアメリカへの移民のうち、最多の宗教はカトリックであった（39%）。中南米出身者が多いからである。

以上のように、アメリカの人口構成において、今後一番増えそうなのは「無信仰」で、プロテスタントの減少が続き、カトリックは微増傾向である。プロテスタントが建国したアメリカで、プロテスタントの影響力が落ち、入れ替わりにカトリックの影響力が増そうとしている。そのことは覇権国としての地位に、どんな影響を与えるだろうか。

プロテスタントの宗派はかなり細分化して、多数に分かれているのに対し、カ、、、トリックは単一の宗派である点も重要だ。だからこそ連邦議員の3分の1をカトリックが占めるに至っていると考えられる。こうした状況下で、カトリック法王による、両院合同会議で多くの連邦議員を感動させた演説が行われたことの歴史的意味は、恐らく、かなり大きいはずだ。

例えば、フランシスコ法王の米議会両院合同会議における演説の中から、グローバリゼーションに批判的な発言を拾っておきたい（バチカン出版局Libreria Editrice Vaticana, "VISIT TO THE JOINT SESSION OF THE UNITED STATES CONGRESS - ADDRESS OF THE HOLY FATHER," Sep 24, 2015)。

> 重大な不公正から生まれる**新しいグローバルな形式の奴隷制度**は、新しい政策と新しい社会合意によってのみ克服される。
> もし政治が真に**人間らしい人間の役に立たなければならない**ものであるなら、当然の結果としてそれは経済と金融の奴隷ではあり得ない。

一つ目の「新しいグローバルな形式の奴隷制度」とは、ＴＰＰに関連して米議会で物議をかもしている「人身売買」などのことと思われる。先述した米国務省の２０１５年版「人身売買報告書」の、マレーシアに関する箇所に、以下のような記述がある。

農業、ヤシ油プランテーション、工事現場、エレクトロニクス産業や、家政婦として働く外国移民労働者の一部は、人材斡旋業者や雇用主によって、移動の制限、賃金詐欺、契約違反、パスポート没収や過重債務を課せられるなど、強制労働と思しき行為に従事させられている。

「重大な不公正から生まれる新しいグローバルな形式の奴隷制度」という法王の言葉は、上記のマレーシアのような強制労働、人身売買まがいの状況を生む原因が、徹底的な低コストを追求する多国籍企業の姿勢にある、といったことを示唆するのかも知れない。

このような強制労働の状況を放置したまま、マレーシアの参加が認められたＴＰＰが成立したならば、さらなる低コストを求める多国籍企業のニーズに対応すべく、人身売買斡旋業者が周辺の貧困国から低コスト労働力をより多く、かき集めるだろう。すると、強制労働の被害者はますます増えることになる（ＴＰＰが成立すれば、日本人も、価格が下がったマレーシア産品、あるいは、マレーシア産の原材料や部品を使用した他の国の産品の購入を通して、強制労働の被害拡大、人身売買斡旋業者の利益拡大に、期せずして加担することになるだろう）。

法王演説の二つ目のポイントは、アメリカの「金権民主主義」に対する痛烈な批判である。政治が「人間らしい人間」の役に立たず、カネの「奴隷」になると、先述した米国務省のように、安易にマレーシア他の「新たな奴隷制度」に目をつむり、ＵＳＴＲ（米通商代表部、ＴＰＰ交渉担当）のように、交渉の機密情報を、国民に選挙で選ばれた政治家には開示せず、巨大企業の代理人のみに自由に閲覧させるようになる。

法王演説の上記に引用した部分には、国家主権重視の姿勢が垣間見える。以下のブルームバーグ記事を読むと、それがさらに鮮明になるように思える（"The Pope Is Ready to Trash Capitalism to Money-Loving Americans," Bloomberg, Sep 10, 2015)。

法王はこれまで「排除と不平等の経済」を批判しており、「そのような経済は死滅する」と言っている。彼は、市場と金融投機の「完全な自治」に制限を課する「国家の統制権」について発言している。

もちろん、米国内のカトリック教徒がすべて、フランシスコ法王と同じ考えというわけではない。例えば2016年大統領選の共和党候補者、ジェブ・ブッシュ氏（ブッシュ前大統領の弟）はカトリック教徒であるが、「私は、私の司教、私の枢機卿、私の法王から経済学を学び取ることはない」（前掲 Bloomberg, Sep 10, 2015 参照）と言っている。しかし移民流入でカトリックの割合がプロテスタントに対して相対的に増えてゆけば、米国における法王の影響力は、増えることはあっても減ることはないだろう。その場合、超巨大多国籍企業群による金権民主主義で推し進められてきたと言える、従来型の米国グローバリゼーション覇権は、かなり確実に退潮に向かうことになるだろう。

⑤「タイ軍政の継続」＝民主主義バブルの崩壊＝米覇権凋落

アメリカはこれまで、世界中の国々に民主化を要求してきた。サウジアラビアのような絶対的な王政の中東産油国など例外もあるが、パナマのノリエガやイラクのフセインといった独裁者の政権は、米軍に攻め滅ぼされた。

2015年6月、シンガポールのシャンムーガム外務大臣は、ワシントンDCで「東アジアとアジア太平洋地域の歴史が書き直されようとしている。米国は現在、主導的な立場にない」と語った（「焦点：米政権の『アジア重視』に暗雲、TAA法案否決で中国の影響拡大も」ロイター、2015年6月17日）。アジアでのアメリカ覇権は終わりつつある、と言うのだが、これがどれくらい確実かは、中国に接近しアメリカから離れつつあるタイの軍政が、いつまで民主化を先延ばし続けるかによって、測ることができるだろう。

2015年7月、タイ軍事政権は、中国から潜水艦を購入して自国海軍に配備すると発表した。産経の記事は以下のように伝えている（「タイ、中国潜水艦購入へ　対米関係さらに悪化も」産経ニュース、2015年7月3日）。

昨年（2014年）5月のクーデターを受けて、民主化を求める米国はタイへの軍事支援を凍結するなど関係が悪化。一方、タイ軍政は中国の要人と交流を重ねるなど、関係強化を進めている。タイは近隣国との間で領海をめぐる深刻な紛争を抱えておらず、中国からの潜水艦調達が実現すれば、米国との関係がさらに悪化することも予想される。

また日経新聞は2015年9月に以下のように報じた（「『軍の強権』容認が争点に　タイ憲法草案否決」日本経済新聞、2015年9月7日）。

タイの国家改革評議会（NRC）が6日に新憲法の草案を否決したことで、民政復帰が遅れることになった。憲法起草委員会がまとめた草案は非常時の強権を軍に認める条項を含み、これに対する世論の強い反発にNRCが配慮したとみられる。**軍政が否決を事前に容認していたとの見方もあり、いまの暫定政権の延命を目指した形跡もある。**今後は新たな起草委が草案づくりをやり直すが、クーデターを制度化するような強権を軍に与えるかどうかが大きな焦点の一つになりそうだ。

タイの動き——民主主義の後退と軍事政権の統治継続——もまた、筆者の仮説「伝統保護的価値観の興隆」の流れに符合する。例えばタイ軍政の王権重視の姿勢により、王室を誹謗《ひぼう》中傷したと逮捕された被告(「赤シャツ」のタクシン派支持者)に懲役30年の刑が科せられた。フェイスブックで王室を非難する書き込みをした後、おとり捜査官に誘い出され、向かう途中のバスの中で軍と警察により逮捕されたのである（"Special Report: Thai junta hits royal critics with record jail time," Reuters, Sep 3, 2015)。

2011年、「ジャスミン革命」と呼ばれる北アフリカの一連の革命で、3人の独裁者が斃《たお》され、もしくは捕らわれの身となった。チュニジアのベンアリはサウジアラビアに亡命し、リビアのカダフィは逃亡中に流れ弾に当たって死亡、エジプトのムバラクは刑務所に収監された。その結果、チュニジアとエジプトは民主化された。

しかし、チュニジアでは2015年3月に日本人3人を含む21人が殺害されたテロ事件、6月には多くの外国人観光客を含む38人が殺害されたテロ事件が発生したように、民主化前と比べて社会は不安定化したままである。

エジプトでは、2012年に発足した民主政権がわずか1年で崩壊した。しかも、ほんの2年前に民主化革命に熱狂したエジプトの大衆は、民主政権を倒す軍事クーデターを主導したシシ国防大臣（当時）を熱狂的に歓迎し、民主政権時のモルシ大統領はその後、死刑判決を受けた。

リビアは革命から4年経った2015年になっても、いまだ内戦中であり、自称「イスラム国」などテロリストの巣窟《そうくつ》である。

筆者は、民主主義は素晴らしいものだと思っている。だが、民主主義に適合した社会状況の国でなければ、いくら導入しても意味がない、とも考える。北アフリカの民主化ラッシュは、民主主義に適さない状況下の国に移植しても、想像を絶する悲劇に終わるだけの現実を、我々に見せつけた。これは現代の世界で民主主義拡大が限界に到達した――〝民主主義バブル〟が崩壊過程に入った――ことを象徴しているのかも知れない。

民主主義バブルがもし今後も拡大、もしくは現状維持を続けるとすれば、それはアメリカのグローバルな覇権存続の指標となるだろう。逆に民主主義バブルの崩壊が今後、さらに鮮明になっていくなら、中国やロシアの地位向上の指標となるであろう。

⑥ 「アメリカ自体が軍政化」する可能性

もっと言えば、当のアメリカ国内で民主主義バブルが崩壊する可能性も視野に入れておいたほうが良いかも知れない。その可能性がまったくゼロではない兆しが二つある。一つは、少なからぬ米国人が、軍がクーデターで政権を取った場合に支持すると答えていることであり、もう一つは、警察官など地方公務員までもが軍用兵器で重武装する傾向にあることである。

英国のインターネットを主体とした国際的市場調査会社（YouGov）が2015年9月に行った調査によると、クーデターで軍が連邦政府を統御することになったらどうするか、との問いに対し、米国人の29％が支持できると答え、41％が不支持と答えている。共和党支持者に限れば、42％が支持、29％が不支持と、支持が不支持を大きく上回っている（YouGov, "Could a coup really happen in the United States?," Sept 9, 2015）。

また、「軍人は国のための最善を考えている」と考える米国人の割合が70％に上る一方、「連邦議員は国のための最善を考えている」と考える米国人はわずか12％であった。さらには、「連邦議員は自分のための最善を考えている」と考える米国人は71％であった。つまり、軍人は愛国者であり、連邦議員は自分のことしか考えていない、というのが米国人の一般的な認識のようだ。これは、先述した「金権民主主義」に多くの米国人がうんざりしている現実の反映であろう。その割に、大金を投じて放映される大量のテレビＣＭに選挙が左右されるのは不思議だが、それは、２大政党制では選挙における候補者の支持が拮《きっ》抗《こう》している場合が多く、わずかな差で勝敗が左右されるという事情もあるだろう。仮にテレビＣＭで影響を受ける有権者の割合が10％に過ぎない――全体から見ればかなりの少数派――としても、投票行動において10％の有権者が意見を反転すれば、選挙結果も反転することになる。

次に、公務員の重武装化である。１９９０年に議会で承認された、ペンタゴン（国防総省）の「１０３３プログラム」で、現在までに５１０億ドル（約６兆円）分以上の軍用装備品——耐地雷・伏撃防護車両MRAPやM16自動小銃など——が、警察などに渡されている。最近では、普段は死体しか相手にしないアーカンソー州シャープ郡の検死官が自動小銃、拳銃、軍用装甲車を取得したり、ミシシッピ州交通局がM14ライフルを受け取ったりするなど、警察官でも軍人でもない公務員までが、重武装している事例もある。※33

立て続けに起こった警官による非武装市民の射殺事件と抗議活動のあと、こうした警察の重武装が「威圧的過ぎる」と問題になった。そこで2015年5月、オバマ大統領の指示で「警察による一部の軍服や50口径以上の銃火器、グレネードランチャー、銃剣の調達」が禁止されたものの、「状況によっては装輪装甲車やハンビー（Humvee）と呼ばれる軍用車両、小型無人機（ドローン）や警棒の使用は引き続き許可されるとして、批判する声も上がっている」状況である（「米大統領、警察の『非軍事化』へ一歩 大口径火器など禁止」AFPBB、2015年5月19日）。

以上の事実は、「世界大恐慌2・0」が生じ、その経済的打撃が深刻で、社会的な混乱が大きくなった場合、アメリカが事実上、軍事政権化する可能性を示唆する。軍人以外の警察／公務員の重武装化は、まるでそうした混乱を予見しているかのようだ。2015年11月にパリで130人が犠牲となった同時多発テロが起きた後の非常事態宣言と、市街地への軍の展開、民主主義的自由の一部制限は、その前兆のように見える。治安維持が目的だとしても、民主主義の守護神ともいうべきアメリカが事実上軍政化すれば、世界の他の国々も遠慮する必要はなくなる。その場合、当然、日本にも重大な影響が出てくることになる。その意味は、世界全体の権力構造大転換につながるということだ。

5.「権力構造大転換」の手段としての銀行破綻＋ペイオフ

２０１５年9月のＧ20共同声明で、世界的に需要が不足し、景気が低迷しつつあり、かつ、長く続いた過剰な金融緩和により金融市場が不安定化している、との認識が示されたにもかかわらず、主要各国が財政出動に消極的であることなどから、政治的に「世界大恐慌2・0」が引き起こされそうだ、とする筆者の仮説については、既に述べたとおりである。「大恐慌2・0」は、世界各国の多くの有権者が持つ「国の借金」に対する過剰な恐怖によって、政治的環境が整わないために起こるのかも知れない。あるいは、世界の特定の政治指導層のグループによって意図的に引き起こされるのかも知れない。あるいは、その両方かも知れないが、とにかく結果として、かなり確実に起こるだろう。

いまの世界政治の潮流には、TPP推進などグローバリゼーション推進的な、国家主権弱体化を志向する流れも確かにある。しかし一方で、国際的な租税回避の防止やテロ資金の取り締まり強化のような、国家主権強化を志向する流れも確実に存在する。その両者がせめぎ合っているのが現状と言えるだろう。最終的にその二つのどちらが勝利するか？「大恐慌2・0」が起こった場合、「国家主権強化」に向けた権力構造の大転換が行われ、各国における政治体制の集権化が進む、というシナリオを、筆者は想定する。

権力構造の大転換に際し、筆頭の標的となり得るのは、巨大金融機関である。2008年のリーマンショックのとき、米国政府やFRBは、危機に陥ったいくつもの巨大金融機関を救済したが、「世界大恐慌2・0」においては、救済されない可能性がある。

前出の、2014年の中間選挙で、95％の確率で気に入らない政治家を広告で落選させた大富豪、コーク兄弟の兄のチャールズ・コーク氏は、2016年大統領選挙に向けて、巨大銀行への「企業向け福祉」を止めるべきだと主張している。同氏は、大銀行が政府とFRBの巨額の資金援助を受けた一方、救済不要だった小銀行が危機後の規制強化のあおりで多数破綻したとし、その矛盾を問題視する。※34 テキサスの石油王、コーク兄弟はそれぞれ世界第5位と6位の大富豪であり、共和党支援者の中でも最有力の資金提供者だ。なお、コーク兄弟の政治思想はロン・ポール氏や、ＴＰＰに反対するウィキリークス創立者アサンジ氏のようなティーパーティー、リバタリアンの小さな政府論者に極めて近いとされる（もっとも、大富豪が小さな政府論者というのは大きな矛盾がある。第1章で強調したように、世界全体が小さな政府となり借金ゼロになれば、世界全体の民間の貯金もゼロになり、コーク兄弟のような大富豪は存在し得ないからだ）。

一方、民主党や左派系の多くの有権者も、巨大金融機関の救済に対し、怒り心頭に発していた。２０１１年のウォール街占拠運動はまさに、巨大金融機関が集積するウォール街に対する一般大衆の怒りの表現だった。当時、ワシントンのロビー企業ＣＬＧＣ（Clark Lytle Geduldig & Cranford）が、金融業界にとって危険な存在であるウォール街占拠運動やそれに共感する政治家（主に民主党）に打撃を与えるため、85万ドル（約1億円）規模のメディア戦略を実施することを、米国銀行協会に提案する、という出来事もあった。("Lobbying Firm's Memo Spells Out Plan to Undermine Occupy Wall Street," MSNBC TV, Nov 19, 2011)。この１幕は、政府やＦＲＢから巨額の救済資金を受けた金融機関の経営者が、のうのうと巨額のボーナスを受け取ることに対して、実質所得が減るばかりの一般国民が抱いた金融機関への怒りに、金融機関側が抱いた恐怖の大きさを物語っている。

今後、大統領も連邦議員も、共和党・民主党にかかわらず、巨大金融機関の救済に動くのは、政治的に極めて困難となっている。

権力構造の大転換の標的二番手となり得るのは、グローバリゼーション推進勢力である。巨大金融機関は世界中に資金を自由に動かせたほうが利益を上げやすいので、グローバリゼーション推進勢力にも分類できるだろう。また金融機関に限らず、大雑把に言えば、超巨大多国籍企業や富裕層全般も同様である。これだと、思想的には国家主権重視派のロン・ポール氏に近いと思われるコーク兄弟も入るが、超巨大多国籍企業や富裕層ほどグローバリゼーション推進派が多いと考えてよいだろう（もちろん例外は常にあり得る）。

その権力の源泉は、もちろんカネである。大金持ちの多いグローバリゼーション推進派の権力を削ぐには、「世界大恐慌2・0」と同時に、先述の第二次世界大戦直後に日本で実施したような預金封鎖・財産税を実施し、財産が多い人々ほど、より多くの財産が没収されるようにするのが選択肢となり得る。

預金封鎖・財産税までやらなくても、「世界大恐慌2・0」のあおりで巨大銀行群が軒並み破綻した場合、これを救済せず、ペイオフを実施すれば同様の効果が得られる。ペイオフの場合、日本では一人1千万円まで（預金保険機構ウェブサイト参照。ただし、利息のつかない当座預金等は無制限)、米国では一人25万ドルまで(約3千万円。連邦預金保険公社FDICウェブサイト参照)の預金が預金保険制度によって保証される。それを超える金額は保証されない。

銀行が破綻すると、日本では預金保険機構(日銀と民間金融機関の共同出資組織)、米国ではＦＤＩＣ(他省庁から独立した連邦政府機関)が管財人となって、破綻処理を行う。

ペイオフ実施となれば、預金保険機構やＦＤＩＣは、破綻銀行の負債側、つまり預金のうち保証する必要のある部分の合計額を把握しようとするだろう。一方、破綻銀行の保有資産(時価)は、特に「世界大恐慌２・０」発生後なら、凄まじく減少していると見込まれる。

それでも、預金のうち保証すべき部分に見合うだけの時価評価資産があるならば、手っ取り早い方法は、生き残っている健全な金融機関に、破綻銀行の保有資産(かなり減少している)と、負債である預金者からの預金(保証不要部分はカット)を両建てで引き継がせることである。会計的にはこれで破綻処理が済むことになる。

その際、資産の中に含まれている国債は、通常なら「安全資産」として値上がりしているはずだ。しかし、いくつもの巨大銀行が立て続けに破綻し、しかも、中央銀行が政治的に、あるいは何らかの不可抗力によって、あえてあまり買い入れようとしないケースもあり得る。その場合、国債もまた十分な買い手が付かず、時価が暴落しているかも知れない。

仮にそうなれば、政府にとっては債務の名目上の残高を引き下げる、絶好の機会となる。破綻銀行の管財人（預金保険機構など）は、払い戻すべき、保証すべき預金の合計額に見合うだけの資産さえあればいいので、時価が暴落した国債について、政府がその時価と同じ額面の、同じ利回りの新しい国債と交換する、と言い出しても問題はない。管財人にとっては、どちらであっても時価は同じ、つまり、価値は同じである。

しかし、政府側の事情は大いに異なる。政府にとり、時価が暴落した国債は、その額面の金額、すなわち満期時に償還すべき金額が、公式の借金残高となる。暴落した国債を、その時価と同じ額面の、新しく発行した国債と交換すれば、それだけで公式の借金残高を減らすことができる（暴落した旧国債は、満期時の償還金額である額面に対して時価が小さい状態、新しく発行する国債は満期時の償還金額である額面と、時価が同じ状態だから）。

筆者はそもそも、外貨建てなど通貨発行権で対応できない借金でなければ、気にする必要はない、という考えだ。しかし、国の借金をやたらと気にする諸国民や投資家らを相手にしなければならない政府からすると、こうした新規国債との交換は有効な手段となり得る。特にアメリカの場合、債務残高を増やすには、いちいち連邦議会の承認を得て債務上限を引き上げなければならないから、政府債務の「見た目の額面」の残高削減は、特に重要な意味を持つ。

上記のような形で、巨大銀行を見殺しにして次々と破綻させ、ペイオフを実施すれば、大金持ちの手持ち資金を削減し、グローバリゼーション推進勢力の権力を弱めることが可能となり、ついでに政府債務の額面上、名目上の残高を減らすことも可能となる。また、金持ちほど損害が大きいから、資産格差、経済格差の是正にもなる。一石三鳥というわけだ。

さらには、破綻銀行の資産と預金（ペイオフで削減後の預金にして負債）を引き継がせる銀行に、グローバリゼーション推進派でなく、国内に留まることで、かえって健全さを保っているような銀行や経営者を選定すれば、この権力の構造転換はより一層効果的になるだろう。

しかし、こうした手法では、政府債務ＧＤＰ比の削減も権力の構造転換も不十分にしかできないと判断される場合、次はハイパーインフレ誘導の選択肢が視野に入る。極端な状況になるほど、大胆な権力集中と構造転換を成し得るからだ。先述の「源氏の反乱に乗じた清盛による集権化の試み」は、極端な状況があれば集権化を進めやすくなる、という一例だ。

ハイパーインフレを引き起こすのは、造作もない。前述した、第二次大戦直後の渋谷敬三大蔵大臣がやったように、事前に預金封鎖、新円切り替え、財産税の徴収を予告してしまえばよいのだ。そして、意図的に起こされたものであれ、意図せず起きてしまったものであれ、ハイパーインフレを止める際に役に立つのが、金《ゴールド》である。

例えば、第一次世界大戦後のドイツのハイパーインフレは、金本位制を導入した途端にピタリと止まった。1971年のニクソンショックによる1976年の変動為替相場制への移行、金本位制の終焉以後では、1990年代にアルゼンチンやブラジルが、ドル連動制または管理為替制度の採用で、ハイパーインフレを止めた事例がある（前掲拙著『日本経済のミステリーは心理学で解ける』参照）。

今後起きる「世界大恐慌2・0」では、既に述べたように、米ドルが基軸通貨でなくなる可能性が高い。よって、「世界大恐慌2・0」後にハイパーインフレが生じた場合、それを止める手段としては金本位制が有力であろう。それは世界のどの国であっても同じことである。

6. 金本位制に向かう世界

１９６４年のトンキン湾事件をきっかけに、アメリカによるベトナムへの軍事介入が本格化、ベトナム戦争へとエスカレートしていった。それに伴いアメリカの財政赤字が急増したため、世界各国の通貨当局は、保有していたドル準備を、金（ゴールド）に兌換《だかん》していった。結果、アメリカの金準備は大幅に減少し、１９７１年、ニクソン大統領は電撃的にドルと金の兌換を停止すると発表。１９７６年には、それまでの金を基準とする固定相場制が完全に終了し、為替レートは変動相場制に移行した。

図表51を見ると、トンキン湾事件以降、世界全体の通貨当局の金準備が減少トレンドに入ったことが分かる。金の時代は完全に終わったのだ。ところが、２００８年のリーマンショックを境に、世界の金準備は上昇トレンドに転じている。図表51のグラフの灰色の線は先進国の合計であるが、２００８年以降も減少傾向が続いている。先進国は減少しても、世界全体で増加しているのは、新興国や発展途上国が金準備を増やしているからだ。図表52でもう少し詳しく見てみよう。

２０１４年の公的金準備ランキングを見ると、国単独ではアメリカ（８１３３トン）が最も多い。しかし、グループで見るとユーロ圏の合計（１０７８４トン）はアメリカより多い（なおＡＰＥＣは米国も含むアジア太平洋諸国のグループなので、ここでは触れない）。また、新興国

図表51　世界と先進国の通貨当局の金準備推移

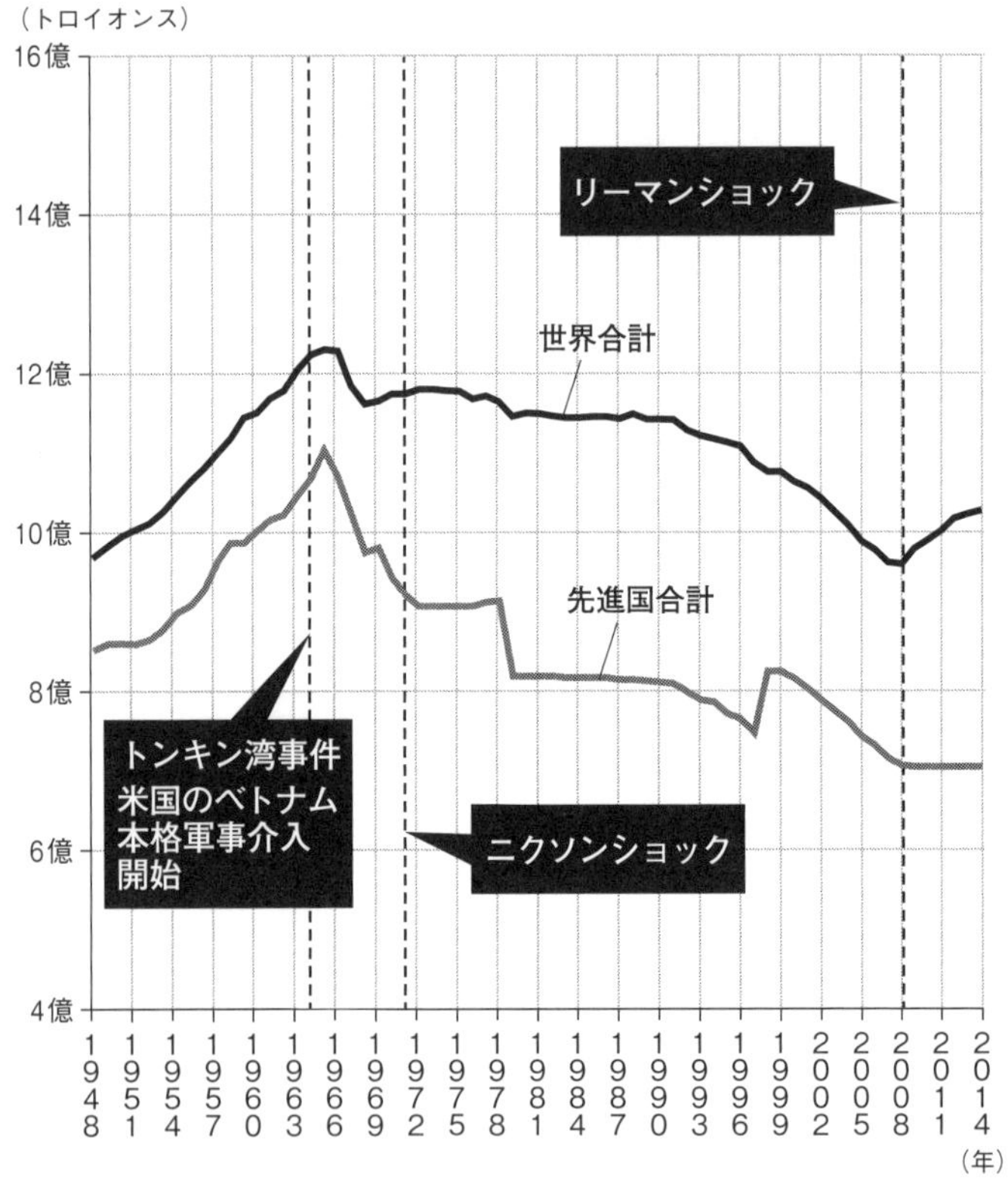

出典：IMF International Financial Statistics(IFS) - Official Reserve Assets, Gold(Including Gold Deposits and, If Appropriate, Gold Swapped), Volume, Fine Troy Ounces

図表52　各国またはグループの公的金準備

2014年ランキング

順位	国名またはグループ名	重量トン
1	世界全体	32,029
2	先進国	21,984
3	APEC	12,548
4	ユーロ圏	10,784
5	アメリカ	8,133
6	新興国＋発展途上国	6,964
7	貿易黒字国(非燃料)	4,163
8	ドイツ	3,384
9	貿易黒字国(燃料)	2,800
10	イタリア	2,452
11	フランス	2,435
12	CIS＋欧州の新興国＋欧州の発展途上国	2,317
13	アジア発展途上国	2,175
14	CIS(旧ソ連諸国)	1,509
15	インド以西のイスラム圏(中東、北アフリカ、アフガニスタン、パキスタン)	1,493
～	～	～
23	日本	765

2007年→2014年増加量ランキング

順位	国名またはグループ名	重量トン
1	新興国＋発展途上国	+2,655
2	世界	+2,066
3	APEC	+1,562
4	貿易黒字国(非燃料)	+1,515
5	CIS＋欧州の新興国＋欧州の発展途上国	+1,372
6	貿易黒字国(燃料)	+1,141
7	CIS(旧ソ連諸国)	+950
8	アジア開発途上国	+827
9	ロシア	+758
10	中国	+454
11	欧州の新興国＋発展途上国	+421
12	トルコ	+413
13	インド以西のイスラム圏(中東、北アフリカ、アフガニスタン、パキスタン)	+263
14	インド	+200

出典：IMF IFS、トロイオンスのデータをトンに換算

＋発展途上国の合計（6964トン）も、アメリカと遜色ない水準に達している。

世界全体の金準備が増加に転じた、リーマンショック直前の2007年から14年までの増加量ランキングを見ると、新興国＋発展途上国の合計がプラス2655トンである。他に目を惹くのがロシアを中心とする旧ソ連諸国CIS（プラス950トン）、アジアの発展途上国（プラス827トン）といったところだ。国別ではロシア（プラス758トン）、中国（プラス454トン）が目立つ。

リーマンショックを境に、世界の通貨当局が保有する金を増やしたこと、特に、新興国、発展途上国が勢いよく増やしていることは、各国の通貨当局（財務担当省庁や中央銀行）が、ドルの基軸通貨の揺らぎと、金本位制への回帰を予測している証拠と思われる。この金準備の流れの転換は、本章で筆者が提示している仮説・シナリオの強化材料にほかならない。

7. 中国。崩壊か、それともさらなる中央集権強化か？

中国経済は崩壊するだろうか？　筆者の想定シナリオ、「世界大恐慌2・0」の荒波の中では、世界の他の国々と同様、大不況となることを免れないであろう。

では、中国経済が大不況に陥った場合、共産党政権は崩壊するだろうか？ その可能性はあるが、むしろ、経済的混乱、社会的混乱を契機として、さらなる中央集権の強化が達成される可能性のほうが高い。

仮に、大不況で大量の失業者が出て、中国各地でさらに大規模な暴動が頻発したとする。しかし、リビアのように暴動が反乱軍となって政府を倒せるかといえば、かなり難しいだろう。先述のように、リビアでは反乱軍に正規軍の兵士が加わった。さらにその後、国連安保理の決議を経て、ＮＡＴＯ軍の空爆があって、ようやくカダフィ政権が崩壊した。

中国でこのプロセスが生じるには、人民解放軍の兵士が反乱に加わることが必要になる。機関銃も戦車も持たない一般大衆がどんなに暴動を起こしても、大量の武器弾薬、大砲、戦車、戦闘機にミサイルまで持つ正規軍に勝てる見込みはないからだ。三国志の時代のように、一般庶民と正規軍の軍備にそれほど差がなかったときでも、漢王朝滅亡の引き金となった黄巾《こうきん》の乱は、漢の正規軍にことごとく鎮圧された。曹操や孫堅（孫権の父）や劉備など、三国時代に活躍した人々は、多くが漢王朝の官職を拝し、正規軍を率いた経歴の持ち主ばかりであった。

では、人民解放軍から分かれた反乱軍が、北京政権を打倒する規模に発展するだろうか。

可能性はかなり低いと思われる。まず、核ミサイルを押さえなければ、最終的に中国全体を支配、つまり、天下統一を成し遂げる力を持つことはできない。たとえ反乱が成功しても、一地方政権にしかなれないからだ。核も持たない単なる地方政権では、結局は核を持つ共産党政権・人民解放軍に勝てない。よって、反乱を起こす意味がない。

リビアで当初、反乱軍が小規模な成功を収めたように、中国の反乱勢力が地方で拠点を固めたとしても、外国政府の全面的な支援がなければ、勝ち目は薄い。外国政府が地方勢力に全面加担するには、核を持つ中央政権との全面戦争を覚悟しなければならない。それほどの覚悟を持つ国は現在、この地球上に恐らく存在しない。

このような、核兵器を持つことの威力に関して、ロイターが非常に興味深い記事を書いているので、以下に引用する。

核計画を放棄した国は「悲劇的な結末」（ロイター２０１３年2月21日）

北朝鮮の朝鮮中央通信社（ＫＣＮＡ）は21日、先に実施した3度目の核実験は米国の敵視に対する自衛力の強化であり、**米国の圧力に屈して自国の核計画を放棄した国々は「悲劇的な結末」を迎えた**と伝えた。

ＫＣＮＡは「**途中で核計画を放棄した国々で起きた悲劇的結末は、わが国には先見の明があることを証明するものだ**」とした。

「国々」とは、米国との関係修復のため、**2003年に自国の核計画を放棄し、その後、米国も支援した反体制派によって退陣に追い込まれたリビアのカダフィ政権**を示唆しているものとみられる。

核兵器を持つ国の政権は、そう簡単に倒されないのが、善悪良否は別として、この世界の現実である。加えて、中国は国連安保理で拒否権を持つ常任理事国だから、国連決議に沿った軍事介入も不可能だ。

では、核兵器を握る軍区が反乱を起こしたら、どうだろうか。その場合は中国共産党・人民解放軍内部の政権交代で終わるだろう。共産党政権自体の崩壊ではなく、内部の権力交替、犠牲が多少大きい人事異動で終わる。

仮に大規模な暴動が起きても、共産党・人民解放軍は自分たちの権力基盤を維持・強化するため、むしろ結束する可能性が高い。

もちろん、ソ連崩壊時のように、民主化勢力の説得で、軍が共産党から離反して民主化側につく可能性はゼロではないが、かなり低い。当時は西側経済が上り坂であった。現在は逆に、本書で示してきたとおり、経済は世界的に行き詰まっている。加えて近年では、民主化したところで、エジプトやタイのように、軍政に逆戻りする実例が示されたばかりだ。この状況において人民解放軍が民主化に加担すると想像するのは、かなり難しい。

崩壊当時のソ連と違い、中国は国家経済安定の条件に相当恵まれている。第1章で見たように、経常収支が黒字続き（その結果として対外純資産がプラス）であるか、通貨発行権で対応できない債務の問題がない、という条件のいずれか一つ以上が達成できていれば、国家経済は安定しやすい。中国は1994年以来、連続して経常黒字であり、かつ、対外純資産がプラスである。しかも、対外純資産は日本に次ぐ、世界第2位の金額である。日本の財務省によれば、2014年末の対外純資産は日本が367兆円、中国が214兆円であるから（財務省「平成26年末現在本邦対外資産負債残高の概要」主要国の対外純資産、為替相場の推移）、安定の条件は満たしている。

なお、このような議論をする際、外貨準備高が重視される場合が多いが、筆者は外貨準備高をまったく重視しない。外貨準備高は政府・通貨当局の保有する対外資産であり、対外純資産の計算要素の一部に過ぎないからである。民間の短期・対外・外貨建て債務が外貨準備高を上回っていたら、外貨準備高ははっきり言って役に立たない。アジア通貨危機では、マレーシア、タイが危機直前にGDP比20％以上の外貨準備高を持っていたが、危機を防ぐことはできず、GDP比でわずか４％の外貨準備高しかなかった日本に助けられた（前掲拙著『「国の借金」アッと驚く新常識』参照）。

以上を勘案した上で筆者は、「世界大恐慌２・０」以降の中国の政治・経済につき、以下のようなシナリオを想定する。

- 第一段階として、世界的な大恐慌を利用した、自国内の権力構造の刷新・転換である。習近平政権が積極的に取り組みを続けている「反腐敗」の総仕上げとして、金融商品の大暴落に加えて財産税やペイオフなどを実施し、政敵潰しを兼ねた貧富の格差縮小を断行する。そもそも、理財商品や株など金融商品に投資できるのは、多少なりとも余裕のある人々で、大多数の貧困層とは無縁だから、金融商品の大暴落は、大多数の貧困層にとっては貧富格差縮小の手段として、むしろ歓迎すべきものとなり得る。
- 第二段階として、経済を混乱させ過ぎると、共産党・人民解放軍内部の結束が崩れる可能性もあり、そうなる前に社会・経済を安定させる方策が必要となる。例えば、低所得層向けに食糧配給ないしフードスタンプ（食糧切符）を配布し、住居のない人々に、投機筋が投資だけして住んでいないゴーストタウン化した住宅（鬼城）を強制的に接収するか、または低価格で借り上げ、提供する。

- 福祉施策を実施するためにも、経済力維持のための資源確保、特に食糧の確保が重要である。事前に外国の農場や鉱物資源、燃料資源の権利を可能な限り買収しておく。実際、中国最大の政策銀行である中国国家開発銀行は２０１５年8月28日、世界的な資源価格の下落を好機とし、１・6兆ドル（約１９２兆円）の基金を設立、石油大手のペトロチャイナや鉱山業大手の紫金礦業など国有企業に資金を提供、利益よりも資源確保を狙った取引を活発化させると発表した（"China's Biggest Policy Bank Readies War Chest for Resource Deals," Bloomberg, Sep 1, 2015)。また、中国は２００５年以降、世界40ヵ国、主にオーストラリア、ニュージーランド、アメリカの農業分野に、官民合わせて４３０億ドル（約5・2兆円）を投資している。第1章で論じた、経済にとって重要なのはカネではなくモノであるという経済の根本原理を思い出して欲しい。最終的に成功するかどうかは別にして、習近平政権による経済政策の舵取りは、この根本原理に沿ったものである。

- 少子高齢化を促進し、経済成長の足枷になっているとされていた「一人っ子政策」は、２０１５年10月、廃止された。高所得の沿海部では少子高齢化が続きそうだが、低所得の内陸部では多子化となる可能性が高い（３人以上は今後も制限されるが）。ＯＥＣＤの資料[※35]にある、平均寿命が長いほど出生率が低い（平均寿命が短いほど出生率が高い）ことを示すデータに基づけば、所得が高く、高度な医療を受けられ寿命が長くなると出生率が下がり、逆に、所得が低く、高度な医療が受けられないと寿命が短くなり出生率が上がる、との仮説を立てることができる。この仮説に従えば、まだまだ貧困層が多い中国では今後、少子高齢化がそれなりに緩和されると予測できる。

以上のように考えると、「世界大恐慌２・０」以後の中国は、むしろ政権基盤が強化され、経済的にもある程度の安定、そして長期的には緩やかな成長を保つ可能性が高い。

これは尖閣諸島など、領土をめぐる対立関係を抱えた日本にとり、脅威が高まることになる。政権基盤が強化され、経済的にもそれなりに安定する中国では、資源確保の必要に迫られ、日本の排他的経済水域や領海に侵入する動機付けがさらに高まるからだ。

もし筆者の想定シナリオが外れ、中国が天下大乱の状況に陥ったとする。その場合、中国は北アフリカや中東のようになるだろう。そして北アフリカや中東から欧州に大量の難民が押し寄せたように、中国から日本に大量の難民が押し寄せることになるだろう。

つまり、安定成長シナリオとなっても、崩壊シナリオとなっても、中国は日本にとって重大な安全保障上の脅威となり得る。この2つのどちらに転ぼうとも、日本の安全と繁栄が必ず確保されるようでなければならない、と筆者は思う次第である。

8．ロシア。帝国は復活するか？

2015年9月30日、ロシア国防省は、ロシア軍がシリア領内の自称「イスラム国」（以下ＩＳ）の拠点への空爆を開始したと発表した。ロシアにとって、ソ連崩壊以来、旧ソ連域外における初の戦闘行為となったが、カーター米国防長官は、ロシア軍の攻撃対象がＩＳでなく、シリアのアサド政権の敵（米軍が支援している自由シリア軍などのシリア反政府勢力）であり、「シリア内戦に、火を注いでいるに等しい」と非難している（"US accuses Russia of 'throwing gasoline on fire' of Syrian civil war," The Guardian, Oct 1, 2015）。

ところがその直前、米軍によるシリアの反政府勢力支援の一大スキャンダルが明るみに出ていた。米軍に訓練されたシリア反政府勢力が、国際テロ組織アルカイダと提携するヌスラ戦線に、米軍から供与された装備品の4分の1にあたる軽トラック6台や弾薬を、安全な通行と引き換えに引き渡した。しかもそれを、米軍の報道官が発表したのであった("U.S.-trained Syrian rebels gave equipment to Nusra: U.S. military," Reuters, Sep 26, 2015)。

米軍は9・11の実行犯とされるアルカイダ、米国民にとっての仇敵に、結果として軍需物資を贈呈してしまった。カーター国防長官は「ロシア軍はISではなく反政府勢力を攻撃している」と非難しているが、その反政府勢力にはアルカイダも含まれる。ロシア軍はISと反政府勢力双方を攻撃することで、アメリカのかたき討ちをしてあげている格好だ。

また、ロシアの軍事作戦以前に、米軍のシリア内戦終結の目標は、明らかに失敗していた。中東担当の米軍司令官の上院証言によれば、アサド政権を打倒し、シリア内戦を終わらせるために米軍が「2015年の5月から1年間で5400人の反政府勢力を訓練」する計画は、9月までに訓練できた人数が60人、実際にシリアで戦闘を続けているのはわずか4、5人という失敗に終わった("Only handful of U.S.-trained Syrian rebels still fighting: general," Reuters, Sep 16, 2015)。

この状況で、もしロシアの軍事作戦が奏功し、シリア内戦を終結に導くことになれば、ロシアの国際社会での地位は上昇し、アメリカのそれは大幅に下落することになる。これは、善悪良否は別として、アメリカ覇権の衰退という筆者の仮説に沿うシナリオでもある。

次に、ロシアの経済について少し検討しておこう。ロシアは2014年2月から3月にかけて起きたクリミア紛争により、同年前半以降、米国が主導する西側諸国からの厳しい経済制裁を受けている。しかしながら、ロシアの2014年末時点の対外純資産はプラスだ（41兆円。前掲日本財務省資料参照）。また、ロシアの経常収支は1998年以降、2014年まで連続して黒字であり、IMFの2015年4月時点での推計では、それ以降も黒字が続く見込みである。つまり、これからも対外純資産を積み上げそうだ。

経済制裁が続いても、ロシア経済が決定的な破綻状態になる可能性はかなり小さい。場合によっては、アメリカが覇権国の座を降りた後、ロシアが世界で最も影響力のある大国にのし上がる可能性すらある。

ロシアのグローバルエネルギー戦略を論じたアメリカのベストセラー、前出の米保守系政治家ロン・ポール元下院議員も推薦している『コールダー・ウォー』（前掲）によれば、プーチン大統領は石油、天然ガス、原子力の分野でロシアが圧倒的な世界シェアを掌握する戦略を進めており、米ドルの価値を石油から切り離し、米ドルの基軸通貨からの転落を目指しているという。シリアでアメリカが失敗し、ロシアが成功を収めるようになれば、それが（少なくとも部分的に）実現するだろう。

ロシアの強みは、特に原子力の分野で発揮される。ロシアの国有巨大原子力企業ロスアトムは、発電のみならず、ウランの採掘から濃縮までのすべてで、世界最大のシェアを握っている。原子力は放射能の問題があるため、例えばウラン濃縮工場を新たに建てようとしても、アメリカや日本など西側民主主義国では、政治的に極めて困難だ。日本では原発から排出される放射性廃棄物の処分場の立地が、いつまでたっても決まらない。しかし、マスコミに多大な影響力を行使するプーチンにとっては、たやすいことである。だからこそ、原子力分野で他国を圧倒する企業に、ロスアトムを育て上げることに成功したのだ。

そのロスアトムは、2015年8月にベトナムの国営電力会社と、同国初の原発建設で合意するなど、着々と業容を拡大しつつある（"Moscow & Hanoi take key step in construction of Vietnam's 1st nuclear power plant," RT.com, Aug 3, 2015）。

ロシア政府は、地球の天然ガス、石油の4分の1が北極海に埋蔵していることを背景として、やはり2015年8月、国連に北極海120万㎢（日本国土の3倍）の大陸棚申請を行った。この申請は2002年に一度却下されていたが、大陸棚の新たな科学的根拠が見つかったとして再申請した。また、ロシアは北極海航路防衛のため、シベリアの基地も再整備中だ（"Russia bids for vast Arctic territories at UN," Associated Press, Aug 4, 2015）。

西側からの厳しい経済制裁にもかかわらず、プーチンの世界エネルギー覇権戦略は着々と進んでいる。

9．欧州。移民問題で崩壊か、それとも軍事政権化か？

伝統的にキリスト教圏であった欧州には、既に「約2000万人のイスラム教徒がおり、フランスにはそのうちの500万人が暮らしている。人口に占める割合は約8％だ。一方、英国とドイツのイスラム教徒の人口比は5％程度だ」（「イスラム教徒と融合できぬ欧州市民、問題先送りのツケ」ウォール・ストリート・ジャーナル、2015年1月19日）。

イスラム教徒は欧州社会になかなか溶け込めないとされる。フランスや隣国ベルギーで育ったイスラム教徒が2015年1月に引き起こした風刺週刊誌「シャルリー・エブド」襲撃事件およびユダヤ系食料品店人質事件、同年11月のレストランや劇場を標的にした同時多発テロ事件は、その象徴と言える。

このような状況において、北アフリカ、中東の混乱による、かつてない大規模な難民流入が続いている。国連難民高等弁務官事務所（ＵＮＨＣＲ）の報告によると、２０１５年、欧州を目指して地中海を渡った難民が１００万人を超え、これまでの記録を塗り変えた。今後、欧州社会の不安定化にますます拍車をかけかねない。

加えてユーロ圏では、ドイツ主導の緊縮財政が続いている。共通通貨を用いること自体が苦痛をもたらしているにもかかわらず、である。ギリシャはユーロ圏に留まることで、現代版ギリシャ悲劇がさらに深刻になっている。独自通貨を持つ破綻国アイスランドと対比すればその悲惨さが一層浮き彫りになるのは、第1章で詳細に描いたとおりだ。

更にその上、欧州に「世界大恐慌２・０」が襲いかかれば、どうなるだろうか？

第4章でこれまで検討してきた「民主主義、プロテスタント、資本主義、共産主義、グローバリズムといったキーワードで表される革新的で伝統破壊的な価値観の退潮と、王権や軍事中央集権、カトリック、正教、ナショナリズムといったキーワードで表される伝統的な価値観の興隆」という基礎シナリオに沿えば、欧州は、

- 各国の民主主義の停止または制限。集権化や軍政化の進展。

•王権、カトリック教会、正教会の強化という方向に進むことになるだろう。

その兆候は、実は財政自主権を事実上放棄させられたギリシャで、いくつか発現している。

•チプラス首相の与党ＳＹＲＩＺＡは無神論を掲げ、ギリシャ正教会の特権廃止を謳《うた》っていた。それはＥＵ議会の有力な政治家からも要求されており、さらなる緊縮財政を要求されたタイミングは、特権廃止を進める絶好の機会だったのに、チプラス政権は実行できなかった。ギリシャ正教会は１３００㎢の土地を所有する（ギリシャ国土の１％に相当）、政府を除けばギリシャ最大の地主である。緊縮財政を強制された政府の弱体化は避けられない。チャリティー活動に精力的に取り組む正教会の権威や影響力は、今後さらに増していくだろう。※36

•ギリシャで移民排斥を掲げる極右政党「黄金の夜明け」は、以前は議席確保すらできなかったのが、それなりの支持を集めて議席を維持するようになった。党首のミハロリアコス氏は元軍人で正教会信徒でもあり、何人かの高位聖職者を高く評価する発言をしている（褒められた側の聖職者はただちに拒否反応を示した）。同氏は支持者獲得のため正教会の教義をうまく利用しているようである。

● ２０１５年７月に行われた、ＥＵなど債権団の緊縮財政要求を受け入れるかを問う国民投票に際して、ギリシャの主要なテレビや新聞のほとんどは、チプラス政権に反対する「ＹＥＳ」キャンペーンを張ったが、結果はチプラス政権の圧勝に終わった。筆者がギリシャ在住の日本人の方に伺った話では、インターネットは「ＮＯ」の意見が圧倒的に多かったという。実際、世論調査では若者や学生ほど「ＮＯ」が多く、年配者や年金生活者ほど「ＹＥＳ」が多かった。つまり、マスメディアはギリシャで、インターネットや口コミに敗北した。アテネ市内の地区別の「ＹＥＳ」と「ＮＯ」の比率と平均所得の分布を分析すると、「ＹＥＳ」が多かったのは所得の高い地域、「ＮＯ」が多かったのは所得の低い地域であった。つまり、大手マスメディアは富裕層、高所得者側の代弁者であったということだろう。

● 国民投票で、債権団の緊縮要求を拒否する信任を得たチプラス首相は結局、厳しい緊縮要求を受け入れた。しかしその後ギリシャ国会で可決された緊縮財政策には、テレビ広告税が盛り込まれていた。テレビの影響力はアメリカの例で説明したとおり、「金権民主主義」の強力な手段として必要不可欠である。政治家が国民投票でテレビの反対を覆し、最も嫌がられるテレビ広告税を導入した。テレビはプロパガンダ能力を最大限に駆使して潰しにかかったが、ギリシャでは通用しなかったのである。フランシスコ法王の米議会演説の一節、「もし政治が真に人間らしい人間の役に立たなければならないものであるなら、当然の結果として、それは経済と金融の奴隷ではあり得ない」を思い出してみよう。チプラス政権はテレビ広告税を議会で通し、「経済と金融の奴隷ではあり得ない」政治を、ささやかながら一歩前に進めたのである。

さて、ドイツ主導の欧州の財政統合（ギリシャが財政自主権を召し上げられたのはその一環と思われる）により、ドイツがEUあるいはユーロ圏を統合して「ドイツ第四帝国」を形成する、というシナリオもあり得るとは思う。しかしドイツ主導の緊縮財政による財政の悪化、貧困や格差の拡大、さらに移民問題の悪化などで欧州全体の混乱が増すに従い、筆者の想定する基本シナリオに沿って、ギリシャで起きているような状況が、濃淡の差こそあれ、ドイツやフランスなど欧州各国で強化されるシナリオもまた、起こり得る。すなわち、欧州各国において、程度の差こそあれ「民主主義の停止または制限。集権化や軍政化の進展。王権、カトリック教会、正教会の強化」というシナリオである。

なお、世論調査によれば、ドイツの宗教信仰の割合はローマ・カトリック29・9％、福音派プロテスタント29・8％、イスラム教２・６％、正教会１・３％、ユダヤ教０・１％、その他２・２％、無宗教34％である（Forschungsgruppe Weltanschauungen in Deutschland, "Religionszugehörigkeit Bevölkerung Deutschland, Stand 01.01.2014," Oct 2, 2015）。つまり、カトリックは覇権国アメリカだけではなく、欧州の盟主ドイツにおいても、単一の宗教団体としては国内最大の宗教団体ということになりそうだ。

10．日本。戦後体制《レジーム》は一新されるか？

「世界大恐慌２・０」後の日本はどうなるか。

他の国々と同様、「民主主義、プロテスタント、資本主義、共産主義、グローバリズムといったキーワードで表される革新的で伝統破壊的な価値観の退潮と、王権やカトリック、正教、ナショナリズムといったキーワードで表される伝統保護的な価値観の興隆」という基礎シナリオに沿って権力構造の大転換が進むことになる、というのが筆者の仮説である。

日本国内でどんな属性の人々が勢いを失い、どんな属性の人々が勢いを得るのかというと、「第二次世界大戦で勢いを失った人々が取り戻す一方、第二次大戦の結果勢いを得た人々が失う」すなわち、「戦後体制《レジーム》の一新」となるシナリオが想定される。

ただし、筆者は特定の個人や組織の興廃よりは、世界全体で混乱が増すにつれ、「伝統保護的」な価値観に共感する人々が相対的に増え、「革新的で伝統破壊的」な価値観に共感する人々が相対的に減るであろう、ということを重視したい。

次に経済全般に関して、日本固有の重大要因を挙げると、中央銀行たる日本銀行が、「異次元緩和」の一環として、株式ＥＴＦや不動産投資信託（ＲＥＩＴ）などリスク商品を大規模に買い増していることがある。２０１５年９月末時点の日銀の純資産は３・８兆円、株式＋株式ＥＴＦ＋ＲＥＩＴ保有高（簿価）は７・９兆円である（日本銀行「第１３１回事業年度上半期財務諸表等（平成27年4月1日から9月30日まで）」）。

今後「世界大恐慌２・０」が起きた場合、日銀保有の株式、株式ＥＴＦ、ＲＥＩＴも暴落し、評価損が純資産３・８兆円を上回れば、債務超過という事態も視野に入ってくる。その際、政府がすかさず日銀に資本注入を行えば、債務超過の回避も可能だ。しかし、政府が意図的に、あるいは政治的に仕方なく、資本注入を行わなかった（あるいは、行えなかった）場合、日銀は債務超過に陥る。その場合、日銀は国債の新規買い入れができなくなり、国債の暴落という可能性も出てくる。そこで政府は必要に応じて、第二次世界大戦直後に行ったような預金封鎖、新円切り替え、財産税徴収を事前予告することにより、あえてハイパーインフレを引き起こす、という選択肢も視野に入ることになる。

ただ、その場合のハイパーインフレは、いわゆる「財政破綻論者」の方々が主張するような「国の借金が大変だから、破綻処理として」行うよりも、「富の公正な再配分＝権力構造の抜本的大転換」を主目的とするものである、と筆者は考える。

ハイパーインフレには、政府債務ＧＤＰ比をゼロに近づける「財政健全化」効果もあるが、それと同時に、民間金融資産のＧＤＰ比をゼロに近づけることで発揮される「富の公正な再配分」効果もある。筆者は政府債務ＧＤＰ比より、民間金融資産ＧＤＰ比の大幅な減少を重視する。

なぜなら「カネは権力」と見れば、民間金融資産ＧＤＰ比の大幅な減少は、国民の資産分布＝権力分布の均質化（格差縮小）と、資産＝権力の移動（民の資産減→国の借金減）による官（公）権力の強化・集中を意味し、権力構造の大転換そのものとすら言えるからだ。

また、経済を考えるときには、「国の借金の大きさ」よりも「許容範囲を超えた格差」や「モノが足りるか」、「十分にモノが作れるか」ということのほうが、はるかに、根源的に重要である——リビアのカダフィ政権は国の借金がゼロ以下だったにもかかわらず滅亡した——ことを忘れてはならない。

政府は、ハイパーインフレを起こさなくても、十分な権力集中が可能だと判断すれば思い留まり、十分でないと判断すればハイパーインフレまで進むと筆者は想定する。このような政策選択は、「世界大恐慌2・0」が発生した場合、日本のみならず世界中の先進国・途上国で程度の違いこそあれ、起こり得る。例えば、既に述べたように、いくつかの銀行を選択的に破綻させ、ペイオフを実施するだけでも、格差の縮小や権力構造の転換が、ある程度は進展する。

ハイパーインフレまで歩を進めた場合、それをいち早く止めるために有用なのが、既に述べた金本位制（通貨価値のごく一部を保証する部分的金本位制を含む）である。リーマンショック以降の世界全体、特に新興国の金準備の増加は、このあたりまで視野に入れたものかも知れない。そう考えると、日本の公式の金準備が経済規模から見て欧米諸国よりかなり少なく、また日本政府と日銀が金準備を増やしている様子が見受けられない（図表52）ことは、不安材料である。

しかし、日本においては大きな安心材料が一つある。世界最大の対外純資産である。仮にハイパーインフレが起きたら、すなわち通貨危機の急落だから、急激な通貨安（円安）となる。すると、外貨建ての資産価値が円換算で急激に上昇するから、「対外資産―対外負債」で計算される対外純資産も急膨張することになる。

これを考慮に入れると、ハイパーインフレが起きたとしても、「月率プラス50％超の物価上昇」の定義にあてはまる事態は短期間で終わり、対外純資産の急膨張や経常収支の急激な改善が、国内外で幅広く認識され、インフレが急速に収束する可能性が高い。

ただし、諸外国、特にアメリカでも同様のハイパーインフレが同時期に生じていたら、主要各国の通貨価値も円と同様に下落する。よって「急激な円安」は起こらないため、「対外純資産の急膨張」もない。従って「世界同時ハイパーインフレ」となった場合には、日本におけるハイパーインフレの規模がより大きく、より長い期間のものになることが想定される。可能性は低いが、一応は考えておかねばならないシナリオであろう。

次に、安全保障について少し考察を加えておきたい。筆者の想定シナリオ通りなら、世界の主要各国は遅かれ早かれ集権化し、軍事政権の度合いを高めることになる。その場合、日本だけが民主主義を貫くのは、不可能ではないだろうが、極めて困難になるだろう。

アメリカの覇権はいずれ終わる。しかし覇権の座を降りても、当面は世界最強の国であり続けるだろう。ゆえに、日米同盟を密にしている限り、日本の安全保障は当面確保できる。しかしそれは、日本が安全保障面で自立するまでの時間稼ぎにしかならないと覚悟すべきだ。筆者の想定シナリオでは、在日米軍も、早ければ数年のうちに撤退することになる。先述のように、ドルの基軸通貨の地位と軍事覇権を維持するメリットをデメリットが上回りつつあるアメリカにとって、遠い彼方の国に軍隊を張り付けておかなければならないような理由は今後、減ることはあっても、増えることはないと考えられるからだ。

なお、「安全保障面で日本が自立しなければならない」事情は、中国との「敵対シナリオ」に限らず、「友好シナリオ」となった場合でも変わらない。例えば、中東の安全保障である。日本が今後も中東から大量のエネルギーを輸入し続ける場合、これまでアメリカの覇権に「タダ乗り」していたかわりに、今度は中国の中東戦略に「タダ乗り」すべきだろうか？　それはあり得ないだろう。なぜなら仮に将来、対中関係が「友好シナリオ」に転じたとしても、中東、インド洋、マラッカ海峡、南シナ海といった海域において、中国やほかの周辺諸国とどのように安全保障を分担するかという問題が、必ず生じるからだ。

第3章、4章のまとめ

本章において筆者の立てている、今後の世界の潮流に関する想定シナリオ「革新的で伝統破壊的な価値観の退潮と、伝統保護的な価値観の興隆」が正しいかどうかを判定する上で最も重要な鍵は、善悪良否は別として、アメリカの覇権の退潮がどの程度まで進展しているか、という一点にある。その、「アメリカの覇権の退潮」を測定する項目として、筆者は以下の４つを挙げておきたい。

- ＴＰＰが最終的に不成立となって立ち消えになる
- タイの軍政が継続し、ほかにも民主体制から軍政に転換する国が増える
- ロシアや中国など、西側以外の国が主体となり、シリアなど紛争地域の和平を実現させる
- 通貨当局の金準備が世界全体、あるいは新興国＋発展途上国の合計で、増加を続ける

以上の４項目のうち、実現した項目数が多くなるほど、米覇権・米ドル基軸通貨の時代の終焉が近づき、世界各国で「民主主義の停止または制限。集権化や軍政化の進展」が起きやすい環境になった、と判定できる。一方、実現されない項目の数が多くなるほど、ア

メリカの覇権・米ドル基軸通貨の時代の終焉が遠のいた、と判定できる。

最後に、次の「世界の盟主」はどの国になりそうか、筆者の見解を述べておきたい。

筆者は、**ロシアがほかのどの国より優位に立ち得る**と見る。プーチンは他国の指導層と異なり、「大恐慌2・0」発生前からもう既に「権力構造の大転換」を完了、十分な集中的権力を掌握済みであると思われるからだ。

第4章においては、日、米、欧、中、露それぞれの「世界大恐慌2・0」後想定シナリオを示した。その中で、筆者がロシアのみ、「権力構造の大転換」の話を書かなかったのは、そのような見方をしているからである。

「大恐慌2・0」後、日本、アメリカ、欧州各国、中国がそれぞれ、国内における「権力構造の大転換」に膨大なエネルギーを注ぎ込まなければならない中、唯一、ロシアだけが既に準備万端整っている——このような構図が想定される。

おわりに：「世界大恐慌2・0」後の経済――資本主義でも共産主義でもない「第三の道」

仮に、筆者が想定する「民主主義、プロテスタント、資本主義、共産主義、グローバリズムといったキーワードで表される革新的で伝統破壊的な価値観の退潮と、王権や軍事中央集権、カトリック、正教、ナショナリズムといったキーワードで表される伝統保護的な価値観の興隆」という基本シナリオに沿って今後、事態が進行したとする。「世界大恐慌2・0」発生で、各国の混乱がさらに増大し、「伝統保護的」な価値観に共感する人々が相対的に増え、「革新的で伝統破壊的」価値観に共感する人々が相対的に減り、「各国の民主主義の停止または制限。集権化や軍政化の進展」が拡大してゆくとしよう。

その場合に適用される、あるいは適用されるべき経済原理はどのようなものになるか。この点について、最後に考察しておきたい。

ローマ・カトリックのフランシスコ法王は、資本主義に批判的な発言が多いため、米保守派の一部から「共産主義者（マルクス主義者）」と呼ばれることがある。だが、法王への経済学の助言に関わる経済学者、ジェフリー・サックス（コロンビア大学教授）は、法王はマルクス主義者ではなく、「極端な自由市場と、共産主義の集産主義（国家または私的な集団が生産分配の経済活動を集団的に統制する制度）の両方に反対している」と指摘する（"The Pope Is Ready to Trash Capitalism to Money-Loving Americans," Bloomberg, Sep 10, 2015）。

また法王か、とお叱りを受けるかも知れないが、いまの世界で、フランシスコ法王ほどその発言が注目される人物は、恐らく他にいない。カトリック教徒でない筆者が注目する理由は、法王の発言が、資本主義でも共産主義でもない「第三の道」を志向している点に、共感するからだ。

筆者は、資本主義と共産主義の両方に反対ではなく、いずれにも正しい部分がある、と考える。この二つの「主義」のいいとこ取り、あるいは、二つの「主義」の調和的統合と言い換えられる「第三の道」のあり方について、これまで出版したほとんどの著書で述べてきた。筆者なりに簡単に要約すると、「格差拡大を防ぐために政府はカネを出す。しかし、そのカネの使い方は国民から努力を引き出すような出し方にする」ということだ。

教育ならば、学校の授業料を無償化するのではなく、奨学金を充実させ、努力を引き出すことだ。例えばイギリスでは職業訓練を受けた人が就職後、半年続けて勤務しないと、その訓練を請け負った業者が、政府からの助成金を完全には受け取れない仕組みになっている。

国家の存続と繁栄の根幹である技術力を高めることも、「政府はカネをしっかり出すが、努力を引き出し方に限る」方式を活用するのがよいだろう。

・将来の労働力不足に備えるロボット技術の開発

・将来のエネルギー不足に備える、効率的で安全性の高い新エネルギー技術の開発

・将来の食糧不足に備える高度な食糧生産技術の開発

すべて「第三の道」方式を積極的に使って推進すれば、将来のモノ不足を防ぎ、モノを充足させ、経済を成長させ続けることも可能となるだろう。モノを充足させ続ければ、外貨建て借金（通貨発行権で対応できない借金）が不要となり、財政破綻の可能性も、悪性インフレが発生する可能性も低減する。仮に万が一「破綻」が起きたとしても、インフラと技術の蓄積がある限り、第二次世界大戦直後の日本のように、極めて短期間で復興を成し遂げることができるだろう。

最後に、資本主義的な「小さな政府」の経済論と、共産主義的・社会主義的な「大きな政府」の経済論を調和的に統合する、もう一つのアプローチを簡単に紹介しておきたい。それは筆者の博士論文のテーマでもあった、名城大学の木下栄蔵教授が提唱する「正と反の経済

学」という経済理論モデルである。※37

民間企業が意欲的に借金を増やして、投資を拡大する状態「＝正の経済（通常経済）」においては、政府は余計なことをせず、「小さな政府」で歳出を抑制する新自由主義的な経済論が適している。逆に、民間企業が萎縮して投資せず、借金を減らして貯蓄ばかり増やすような状態「＝反の経済（恐慌経済）」においては、放っておけば経済は悪化するばかりなので、政府は積極的に経済対策を行い、「大きな政府」で歳出を拡大する社会主義的な経済論が適している。

つまり「第三の道」は、常に新自由主義と社会主義の「いいとこ取り」で問題に対処するアプローチであり、木下教授の「正と反の経済学」は、状況やタイミングに応じて、正反対の二つの経済理論を適切に使い分ければよい、というアプローチである。

従来、新自由主義的な経済論を信奉する人々は、状況に関係なく、常に「小さな政府」が正解なのだと主張して譲らず、社会主義的な経済論を信奉する人々もまた、状況に関係なく、常に「大きな政府」が望ましいと主張し、双方が相容れることは少なかったように思われる。しかし、どちらも正しいと考えれば、「第三の道」や「正と反の経済学」の発想で、両者を調和的に統合することが可能になる。

そのことは、筆者が本書で立てた今後の世界の潮流の仮説シナリオ、「民主主義、プロテスタント、資本主義、共産主義、グローバリズムといったキーワードで表される革新的で伝統破壊的な勢力の退潮と、王権やカトリック、正教といった伝統的な勢力の興隆」とも大いに関係する。

資本主義も共産主義も否定するカトリック法王が、プロテスタントが建国した覇権国アメリカにおいて史上初の両院合同議会演説を行い、多くの連邦議員を感動に包み込んだ事実は、筆者の仮説シナリオと完全に符合するからだ。

資本主義でもなく共産主義でもない——。

右記の「第三の道」や「正と反の経済学」には、資本主義にも、共産主義にもできなかった「格差を適正範囲内に収めることと、生産性（モノ作り能力）の維持向上を両立させる」という課題を、やがては成し遂げてしまう可能性を大いに秘めている。そして「世界大恐慌2・0」は、その達成への道を切り拓く一大契機ともなり得る——筆者はそのように考える次第である。

【巻末脚注】

※1 Camilla Andersen,"BANK RESTRUCTURING Iceland Gets Help to Recover From Historic Crisis," IMF Survey Online, December 2, 2008 ; "Iceland Cracks in the crust, "The Economist, Dec 11, 2008

※2 IMF "Iceland: 2008 Article IV Consultation - Staff Report; Staff Supplement; Public Information Notice on the Executive Board Discussion; and Statement by the Executive Director for Iceland," IMF Country Report No.08/367, 2008

※3 政府総支出や公的債務の増加度合いを見るため、「政府総支出増加額／比較開始年のGDP」、「公的債務増加額／比較開始年のGDP」を計算したのは、例えば「比較終了年の政府総支出／比較開始年の政府総支出」、「比較終了年の公的債務／比較開始年の公的債務」で増加率を計算した場合に、比較開始年における政府総支出も公的債務もゼロであることがあるからだ（2007年のリビアの公的債務は文字通りゼロだった。図表4の右下部分参照）。分母である比較開始年の金額がゼロだと、比較終了年の金額がどれほど少額であったとしても増加率は無限大となり、比較する意味がない。そこで比較期間の増加額を比較開始年の経済規模である名目GDPで除すことで、政府総支出や公的債務の増加度合いを算出し、国際比較できるようにした。

※4 大恐慌時アメリカの実質GDPの落ち込み幅は1929年から33年にかけて27%。米国イリノイ大学Lawrence H.Officer 教授が運営する経済指標データベース"MeasuringWorth.com"のデータから計算。また、同データベースを見ると、米国実質GDPが過去最大値である1929年の水準に回復したのは7年後の36年であった。

※5 東洋経済新報社「日本経済年報　第58集（昭和23年第1集）」１９４８。東洋経済新報社「日本経済年報第59集（昭和23年第2集）」１９４８。

※６　野村証券株式会社調査部編「赤字財政下のインフレーション研究　並に各国戦後インフレーションの諸経験」１９３５参照。

※７　Federal Bureau of Investigation, U.S. Department of Justice, "A Study of Active Shooter Incidents in the United States between 2000 and 2013," Sep 24, 2014

※８　ピケティの著書では「資産」ではなく「資本」となっている。しかし、経済学で一般的に使われる「資本」という用語は、建物や工場の生産設備など、モノやサービスの生産に用いられる「生産財」を指し、預金や株式などの金融資産は含まないのに対し、ピケティの「資本」は金融資産を含む。よって、「資産」や「財産」と書いたほうがしっくりくると思われるため、本書では「資本」ではなく「資産」としている。

※９　経済産業省「平成27年度税制改正に関する経済産業省要望【概要】」２０１４年８月29日。『三菱ＵＦＪ信託資産運用情報』２０１４年10月号「日本の消費増税とグローバル比較」

※10　詳しくは太陽ＡＳＧグループ・プレスリリース「中堅企業経営者意識調査『税』に関する世界44カ国調査を発表」２０１３年４月４日。ＧＭＴ移転価格税理士事務所ウェブサイト。ラジャ・タン法律事務所 弁護士 栗田哲郎「法人税を大幅に減らす裏ワザ　職場で冷遇、まさかの事態―海外進出」『プレジデント』２０１２年12月３日号。三菱東京ＵＦＪ銀行 国際業務部『BTMU Global Business Insight』「シンガポール地域統括会社の構築及び活用と法務・税務上の留意点（2）」２０１４年４月３日を参照。

※11　毎年必ず売上高税引き前利益率10％となる企業があるとし、税引き後利益の分だけ毎年必ず売上が成長すると仮定する。法人税実質負担率がスウェーデンのように10％の場合と日本のように33％の場合、その企業の売上が30年後に何倍になるか計算比較してみる。法人税実質負担率10％の場合、売上が毎年９％成長するので１・09の30乗で13・３倍、負担率33％の場合は毎年６・７％成長、１・０６７の30乗で７倍となる。つまり今は同じ売上規模の企業でも30年後には倍近く差が開くことになる。

※12　経済活動の量との関連性を見るには、本来なら実際に経済活動で使用された電力量、すなわち各国におけ

る需要量、使用量のデータを示すのが妥当である。日米については需要量のデータを示しているが、中国と欧州は供給量（発電量）のデータしか存在しなかったので供給量を示す。発電した電力は基本的にそれほど大量に蓄電できず、需要量と供給量に大きな差異はないと考えられるので、供給量も疑似的に需要量とみなせるだろう。

※13　「解読中央経済工作会議六大看点」『人民日報』２０１５年12月22日。「中央経済工作会議提出階段性提高財政赤字率」『中国証券報』２０１５年12月23日

※14　ただし、ＢＩＳ年次報告書には、超低金利は「生産性改革の代わりに長期的な借金依存と関係があり、高水準の公的債務が成長を損なう証拠がそろっているにもかかわらず、そのような改革を延期するようにそそのかす」ともある。これについて筆者は半ば賛同し、半ば反対する。確かに、仮に政府が何の努力もしない人々に与えるだけの福祉予算を、借金を増やしてでも延々と続けるなら、間違いなく生産性が低下し、少子高齢化において決定的に生産能力が不足し、「カネ不足による破綻」よりも恐ろしい「モノ不足による破綻」につながるだろう。しかし、努力を引き出して成果に報い、将来の生産性を高めるための投資支出を増やすため、政府が借金を増やすのなら、話は別だ。通貨発行権で対応できる債務を無闇に恐れ、将来への投資ができないほうが、余程恐ろしい未来が待ち受けているだろう。もちろん、どんな経緯であれ、将来、もし深刻なモノ不足に襲われたなら、人々は政府に言われるまでもなく、必死で努力と工夫を重ねるだろうし、第二次大戦からの復興過程（第2章参照）が大いに参考となろう。

※15　ロイター「ＢＲＩＥＦ―今の段階で補正予算考えていない＝麻生財務相」２０１５年９月25日。日本経済新聞「首相、補正予算による経済対策『現時点では考えていない』会見」２０１５年９月25日

※16　"Former Fed chief Alan Greenspan warns of bond market bubble," The Telegraph, Aug 10, 2015 ;"Greenspan warns about bond-market bubble," MarketWatch, Aug 19, 2015 ; "Greenspan: Extremely strong and growing labor market," CNBC, July 29, 2015

※17 Sobrun, J. Turner, P. "Bond markets and monetary policy dilemmas for the emerging markets," BIS Working Papers No 508, August 2015

※18 DeNavas-Walt, C. Proctor, B, D. "Income and Poverty in the United States: 2014," Current Population Reports, U.S. CENSUS BUREAU, 2015

※19 "Greek crisis: new bailout request filed? as it happened," The Guardian, July 9, 2015 ; "A pinker shade of black," The Economist, Jan 15, 2014

※20 「ローマ法王、きょうから歴訪　米キューバ関係改善促す」日本経済新聞、２０１５年９月19日夕刊３面

※21 "Royal descendants want Romanovs'killer's name erased from Moscow map," RT.com, July 17, 2015 ; "Moscow residents want Romanov killer's name to remain on city map," RT.com, 24 Sep, 2015 ; "Russia's last Tsar exhumed, case reopened into murder of Romanov family, "RT.com, Sep 23, 2015

※22 "Syria: Barack Obama urges war-weary US to shoulder 'burdens of leadership'," The Telegraph, Sep 11, 2013

※23 Congressional Research Service, "Pivot to the Pacific? The Obama Administration's “REBALANCING” Toward Asia," Mar 28, 2012 ; DoD News, Defense Media Activity, U.S. Department of Defense,"Carter Discusses U.S. Rebalance to Asia-Pacific Region," Apr 6, 2015

※24 WYDEN STATEMENT INTRODUCING "CONGRESSIONAL OVERSIGHT OVER TRADE NEGOTIATIONS ACT," May 23, 2012 ; "Obama Trade Deal Secrecy Insulting, According To Key Democrat," The Huffington Post, July 6, 2012

※25 "Senators rake in big money from pro-trade donors," CNBC, June 24, 2015 ; "Corporate lobbying expense jumps as U.S. trade debate rages," Reuters, July 23, 2015

※26 "Iran deal reached, Obama hails step towards 'more hopeful world'," Reuters, July 15, 2015 ; "Dems filibuster Iran vote," The Hill, Oct 9, 2015 ; "Netanyahu Tells Israel He Won Iran Battle With Obama After All",

Bloomberg, Sep 11, 2015 ; "Iran Deal Puts Aipac at Risk of Losing Its Biggest Fight," Bloomberg, Aug 21, 2015

※27 CNN/YouTube debate, "Eight Republican presidential hopefuls sparred during their debate in St. Petersburg, Florida, on Wednesday, November 28 - Paul on North American Union," November 29, 2007

※28 "Pacific Trade Deal Talks Resume, Under Fire From U.S. Presidential Hopefuls," The New York Times, Sep 30, 2015 ; "Hillary Clinton says she does not support Trans-Pacific Partnership," 米公共放送 PBS News Hour, Oct 7, 2015

※29 "Special Report: State Department watered down human trafficking report," Reuters, Aug 3, 2015 ; "Sen. Menendez slams 'politicization' of human trafficking report," The Hill, July 27, 2015 ; "Senators accuse State Dept. of picking politics over human trafficking," The Hill, Aug 6, 2015

※30 "Trans-Pacific Partnership: the surprise offer that could kill court challenges by tobacco giants," The Sydney Morning Herald, Oct 2, 2015 ; "McConnell warns Obama against tobacco carve-out in trade deal," The Hill, July 31, 2015

※31 "Pope Francis electrifies Congress with speech laying out bold vision for US," The Guardian, Sep 24, 2015 ; "Pope's visit brings tears for Speaker," The Hill, Sep 24, 2015

※32 Pew Research Center," America's Changing Religious Landscape," May 12, 2015 の p.112

※33 "40 Percent of "Used" Military Equipment Given to Police Is Brand New," The Fiscal Times, Sept 10, 2014 ; "Even an Ozarks coroner gets surplus military guns," The Associated Press, Oct 6, 2014

※34 "Koch Calls for End to 'Corporate Welfare' for Wall Street," Bloomberg, Aug 2, 2015. なお兄弟の資産については、Bloomberg Billionaires, "Today's ranking of the world's richest people" ２０１５年10月１日現在で計算した。

※35 OECD, the OECD Development Centre and the CLIO-INFRA project, "How Was Life? Global Well-being since 1820," Oct 2, 2014 の p.47 Figure 2. 3.

※36 "A pinker shade of black," The Economist, Jan 15, 2014 ; "Splits widen in Merkel's coalition over proposals for Greek economic reforms," The Guardian, July 10, 2015 ; "Orthodox church appears to be exempt from austerity measures," The Guardian, Oct 4, 2011; "Greece debt crisis: Athens fails to replay IMF as bailout runs out - as it happened" July 1, 2015 ; "Greece crisis live: Banks will run out of money on Monday morning as Tsipras urges Greece to reject "blackmail", The Telegraph, July 3, 2015 (15.06 "Poll shows vote is neck-and-neck") ; naftemporiki.gr,"The Greek reform proposals," July 10, 2015

※37 詳しくは以下を参照。 Kinoshita, E. "A Proposal of Thetical Economy and Antithetical Economy-Mechanism of Occurrence and Collapse of Bubble Economy," Journal of Business and Economics, February 2012, Volume 3, No. 2, pp.117-130 ; Yoshinobu HIROMIYA, Eizo KINOSHITA. "Defining Thetical Economy and Antithetical Economy-Analyzing Behaviors of Corporations, Government and Central Bank, Using Macroeconomic Statistical Data," Journal of Business and Economics, 2014

【著者略歴】

廣宮孝信（ひろみや・よしのぶ）

経済評論家。1975年神戸市生まれ。97年大阪大学工学部電子工学科卒、99年同大学院修了（工学修士）。精密機器メーカーにて研究職、プログラミング、マーケティング、事業分析業務に従事。05年退社後、自営業の傍ら会計学を学び（税理士試験の会計科目取得）、会計の知識と理系のセンスを活かして「国の借金問題」の研究に着手。

09年、初めての著書『国債を刷れ！』（彩図社）で「政府と民間を合わせた国全体の連結貸借対照表（国家のバランスシート）」を世に送り出し、日本の財政議論に大きな一石を投じる。他に『さらば、デフレ不況』（彩図社）、『「国の借金」アッと驚く新常識“年金絶望世代”も元気が出る』（技術評論社）、『日本経済のミステリーは心理学で解ける』（徳間書店）などの著書がある。

2014年11月、木下栄蔵・名城大学教授との共著で、第一著者として執筆した経済学の論文"Defining Thetical Economy and Antithetical Economy-Analyzing Behaviors of Corporations, Government and Central Bank, Using Macroeconomic Statistical Data"（「正の経済」と「反の経済」の統計データによる判別方法についての研究）が米国学術論文誌『Journal of Business and Economics』に掲載。2015年3月、学位論文「正と反の経済学の検証に関する研究」により博士号を取得（名城大学・都市情報学）。

2016年、異次元大恐慌が始まる

2016年2月12日　第1刷発行

著　者　廣宮孝信

発行者　土井尚道
発行所　株式会社　飛鳥新社
〒101-0003 東京都千代田区一ツ橋2-4-3　光文恒産ビル
電話（営業）03-3263-7770（編集）03-3263-7773
http://www.asukashinsha.co.jp

装　幀　大谷昌稔（大谷デザイン事務所）
図表作成　有限会社ハッシイ

印刷・製本　中央精版印刷株式会社

ISBN978-4-86410-462-3

編集担当　工藤博海